LES ENFANTS GÂTÉS

Fanny Parise

LES ENFANTS GÂTÉS

Anthropologie du mythe du capitalisme responsable

PAYOT

Retrouvez l'ensemble des parutions
des Éditions Payot & Rivages sur

www.payot-rivages.fr

Avec la contribution de Louise Giovannangeli
Création maquette intérieure et couverture :
Claire Morel-Fatio
Création des schémas : Chloé Cavillon

SOMMAIRE

UNE ANTHROPOLOGIE DU COIN DE MA RUE

Quoi de mieux pour commencer mon propos que de vous parler d'un endroit que j'affectionne tout particulièrement. Un lieu où j'ai réalisé de nombreuses interviews, où j'ai passé de longues heures à observer la population qui le fréquente, et surtout un lieu où j'ai pris plaisir à passer des soirées entre amis. Il s'agit du Mama Shelter, un bar situé dans le vingtième arrondissement de Paris.

L'ANTHROPOLOGUE ET LE SAUVAGE

Ce que j'apprécie par-dessus tout, c'est observer les clients de l'établissement. En plein cœur de Paris, j'ai l'impression de marcher sur les traces des pères fondateurs de l'anthropologie : en découvrant une communauté que je perçois comme exotique, car étrange et étrangère, je me découvre moi-même. L'anthropologue américaine Margaret Mead a sans doute également été fascinée lorsqu'elle est entrée en contact pour la première fois avec les Samoas[1], un peuple océanien ; l'anthropologue polonais Bronisław Malinowski l'a sans doute également été, lorsqu'il a rencontré les Trobriandais[2] de Papouasie-Nouvelle-Guinée. J'aime penser que ces anthropologues ont ressenti la même excitation que moi en se confrontant à une altérité qui les a bousculés, les amenant à questionner leur propre rapport à la normalité, et le sens qu'ils octroyaient à leur quotidien.

Les anthropologues ont longtemps étudié des populations lointaines en les rendant exotiques et en pensant que le sauvage, c'était l'autre. En observant les us et coutumes des clients du Mama Shelter, je constate que nous sommes également des sauvages, la plupart du temps sans le savoir : si je peux l'affirmer avec autant de conviction, c'est que lors de mes premières observations de terrain, je n'avais pas les clefs de compréhension nécessaires pour comprendre le sens de leurs propos ou de leurs actions. En plus, la littérature socio-anthropologique ne m'a pas été d'une grande aide : alors que l'anthropologie a constitué au fil des années un corpus complet des mœurs des autres, je suis forcée de constater que la production concernant les sauvages urbains et occidentaux est beaucoup plus mince et parcellaire,

1. Margaret Mead, *Mœurs et sexualité en Océanie*, Paris, Plon, 1963.
2. Bronisław Malinowski, *Les Argonautes du Pacifique occidental*, Paris, Gallimard, 1963.

si ce n'est inexistante. Pour autant, quelques travaux existent menés pour la plupart par des journalistes (David Brooks, à l'origine du concept de *bobo*[1], par exemple) ou des experts en tendances (Nicolas Chemla et son *Anthropologie du boubour*[2]) qui se sont attelés à sociologiser certaines de leurs observations.

Ces réflexions ont accompagné mes premiers pas sur le terrain et, surtout, m'ont permis de débuter une réflexion anthropologique sur cette population. Même si je ne suis pas parvenue à trouver une dénomination satisfaisante pour nommer les individus que j'observais tout de suite, j'ai décidé de poursuivre mes investigations, et de les appeler temporairement, et pour les besoins de mon ouvrage, les « nouveaux sauvages ». Finalement, je continue encore aujourd'hui à les appeler de la sorte, même si, comme vous le verrez, ils disposent à présent d'une dénomination plus scientifique.

Les nouvelles croyances de la réussite

Le Mama Shelter, autoproclamé « kibboutz urbain » par ses créateurs[3] et renommé hôtel-resto bobo par la presse[4], est un lieu singulier, tant par sa décoration que par les différentes populations qui s'y

---

1. David Brooks, *Bobos in Paradise : The new upper class and how they got there*, New York, Simon and Schuster, 2010.
2. Nicolas Chemla, *Anthropologie du boubour. Bienvenue dans le monde bourgeois-bourrin*, Paris, Lemieux, 2016.
3. L'entrepreneur Serge Trigano et le designer Philippe Starck.
4. https://www.lexpress.fr/styles/diapo-photo/styles/saveurs/restaurant/mama-shelter-hotel-resto-bobo-signe-starck_745803.html

croisent. Pour moi, ce lieu représente le triomphe du luxe cool[1], l'apogée de la boboïsation de la capitale[2], et surtout un fabuleux spot d'observation anthropologique. Ici, rien n'est laissé au hasard : des tables d'hôte en chêne brut à partager pour la convivialité, des canapés et des fauteuils pour des ambiances plus cosy, un plafond façon tableau noir tagué à la craie, un baby-foot de 4 mètres de long, etc.

Le Mama Shelter est un lieu qui symbolise, du moins en apparence, le cosmopolitisme. Des communautés indigènes du monde entier s'y retrouvent. Ce brassage culturel témoigne pour autant de la valorisation d'un entre-soi social, où les signes du pouvoir et de la violence socioculturelle sont omniprésents pour ceux qui savent porter attention aux petits détails.

Le Mama Shelter est un endroit emblématique pour les nouveaux sauvages, un endroit qu'ils jugent dans l'air du temps. Tout est une question de point de vue, car l'anthropologue français Marc Augé qualifie quant à lui ce type d'espaces de « non-lieux »[3], c'est-à-dire des espaces fonctionnels, nés de la mondialisation, standardisés et déshumanisés, porteurs d'une rupture avec

1. Ici, je fais référence à l'ouvrage : Dominique Cuvillier, *Le Triomphe du luxe cool. De l'hyperluxe à l'hypermarché*, Malakoff, Maxima, 2019.
2. Il s'agit, d'après la définition du dictionnaire Larousse de la « transformation d'un lieu (quartier, partic.) populaire par l'arrivée en nombre de bobos ; gentrification ».
3. Marc Augé, *Non-lieux. Introduction à une anthropologie de la surmodernité*, Paris, Le Seuil, 2015.

les lieux dits « anthropologiques », comme le foyer. Et je dois reconnaître qu'au fil de mes recherches, je me suis aperçue que le Mama Shelter n'était pas un endroit si unique que cela, mais plutôt un lieu typique de ceux qu'affectionnent les nouveaux sauvages. Un ersatz de biotope naturel reconstitué, au sein duquel des femmes et des hommes d'affaires, mais également des touristes ou ceux qui se rencontrent pour un premier rendez-vous amoureux aiment se mettre en scène, c'est-à-dire un lieu où il faut être et où il faut être vu. Cette population que j'ai étudiée est majoritairement composée d'individus trentenaires ou quadras, même s'il m'est également arrivé de croiser quelques vingtenaires. Tous arborent des styles vestimentaires détonants, des manières d'être singulières et abordent des sujets de conversation aussi surprenants que passionnants.

Un jour, par exemple, à une table à côté de la mienne, une jeune femme expliquait avoir plaqué son job de « planneur strat' » dans une grande agence de conseil pour faire le tour du monde en voilier, plus précisément avec « le voilier de papa ». Bien sûr, elle clamait haut et fort à qui voulait bien l'entendre – tout le restaurant pouvait profiter de la conversation au vu des nombreux décibels de sa voix forte et affirmée comme si elle tenait une tribune – que le but de l'opération était, à son retour, de sensibiliser son entourage à la pollution des océans.

Une autre fois, je me suis trouvée à côté d'un homme qui se faisait interviewer par une journaliste. Il lui expliquait, très sérieusement et graphiques à l'appui, comment il avait prévu de partir à la retraite dès 35 ans, grâce aux placements financiers et immobiliers qu'il réalisait. Son but était d'avoir le temps de vivre et de se consacrer à des projets qui faisaient « vraiment sens » pour lui, sans se préoccuper de l'argent. Il mettait en avant son désir de vivre sobrement, et même de devenir un frugaliste, c'est-à-dire vivre avec peu, se contenter du minimum. Cette définition relative de la frugalité a attisé ma curiosité, car j'avais l'impression qu'il s'agissait plutôt d'un homme d'affaires ayant adapté son discours à l'époque actuelle : en effet, plaquer son job et changer de vie fait plus rêver en 2022 qu'expliquer vouloir s'enrichir très jeune afin de vivre de rentes de situation le reste de sa vie.

Quand je suis au Mama Shelter, ou dans d'autres non-lieux de ce type, l'anthropologue que je suis ne peut s'empêcher de prendre discrètement des notes sur son carnet de terrain. Je consigne scrupuleusement les anecdotes et les scènes de vie que j'observe. Je réalise également de nombreux schémas et croquis afin d'identifier les similitudes et les différences que je perçois entre les différents sauvages que j'étudie. Par exemple, concernant leur apparence physique, ils ne s'habillent pas tous de la même manière : certains ont des barbes et des tatouages imposants, d'autres optent pour des signes de distinction plus discrets, comme des baskets d'une marque éthique ou des faux basiques – c'est-à-dire des vêtements à l'apparence simples mais griffés d'une marque de luxe, qui sont tout aussi ostentatoires, car imposant de fait une séparation entre eux et le reste de la société. Parfois même, j'ai eu l'impression d'être la Jane Goodall[1] non pas des bonobos mais des bobos, et je me suis très rapidement forgé une conviction : ces sauvages du postmodernisme jouent un rôle important dans la société, beaucoup plus important que celui d'être une cible marketing pour les firmes internationales[2] ou des figures sociales sur lesquelles journalistes[3] et chercheurs[4] aiment se défouler.

L'anthropologie de la consommation

Dans cet ouvrage, ce n'est donc pas d'une peuplade extra-occidentale qui vit de manière très différente de la nôtre dont je veux vous parler, mais bien de personnes qui ressemblent à nombre d'entre nous. Ces indigènes, je les ai découverts fortuitement, au détour des études que je mène depuis près d'une décennie, sur l'évolution de la consommation et des styles de vie en Occident. Tout est parti d'un constat très simple : si je ne parvenais ni à comprendre qui ils étaient, ni quel était le sens de certaines de leurs pratiques, c'est que je ne devais certainement pas être la seule dans ce cas, et surtout, qu'il était nécessaire de combler ce vide scientifique en réalisant une

---

1. Jane Goodall est une éthologue et anthropologue britannique. Elle est la première à avoir observé et rapporté que les chimpanzés utilisent des outils pour s'alimenter.
2. https://www.lemonde.fr/m-perso/article/2017/04/14/du-bobo-au-boubour-la-petite-fabrique-des-sociostyles_5111342_4497916.html
3. https://books.openedition.org/pul/21526?lang=fr
4. Anne Clerval, *Paris sans le peuple. La gentrification de la capitale*, Paris, La Découverte, 2016.

monographie anthropologique, c'est-à-dire une étude complète et détaillée de ces sauvages du postmodernisme. Heureux hasard, il se trouve que ces indigènes évoluent dans le même milieu naturel que moi, ce qui explique *a posteriori* l'attraction que j'ai eue pour eux. Comme on ne se voit jamais totalement comme on est vraiment, je ne l'ai pas compris tout de suite : à mesure que je m'intéressais à eux, je remettais en cause mes propres choix de vie et même ma manière de voir le monde. C'est seulement lorsque je l'ai réalisé que j'ai pu commencer l'écriture de cet ouvrage, car rien ne me prédisposait à étudier les nouveaux sauvages.

Initialement, je menais des recherches anthropologiques à l'Université de Lausanne et auprès d'entreprises privées internationales (industriels, distributeurs), d'institutions publiques ou d'acteurs de la culture (médias) en anthropologie de la consommation. C'est dans ce contexte que j'ai été amenée, dès 2010, à étudier l'évolution des styles de vie d'individus qui, consciemment ou non, s'inscrivent dans une transition consumériste. Ceux-ci ont montré qu'ils ne veulent pas s'émanciper du système marchand, mais en revanche assurent être à la recherche d'alternatives qu'ils jugent compatibles avec les enjeux socio-éco-environnementaux. Ces nouvelles pratiques se substituent très bien à leurs pratiques antérieures : il s'agira pour eux, par exemple, d'acheter les mêmes produits alimentaires qu'auparavant, mais en privilégiant les marchandises labellisées bio, ou alors de continuer d'avoir une voiture individuelle mais d'opter pour un modèle hybride ou électrique.

J'ai notamment étudié les stratégies mises en place par les consommateurs dits « responsables », c'est-à-dire ceux qui aspirent à faire coïncider leurs préoccupations morales avec leurs pratiques de consommation : si une personne est sensible au bien-être animal, elle va préférer acheter des gammes de cosmétiques non testés sur des animaux ; si un individu est sensible au respect des conditions de travail, il va privilégier l'achat de produits issus des circuits courts, et donc produits non loin de chez lui. Avec mes équipes[1], nous avons réalisé 2 250 entretiens qualitatifs, c'est-à-dire que pendant une, deux ou même trois heures, nous nous sommes rendus au domicile des enquêtés, où nous leur avons posé de nombreuses questions afin de comprendre qui ils sont et comment ils vivent.

Loin d'avoir été sélectionné au hasard, l'ensemble de ces personnes a jugé nécessaire de changer son style de vie, notamment par ses choix alimentaires, ses loisirs et sa consommation. Tous ont été recrutés dans différents pays (France, Canada, Suisse, Italie, Pays-Bas, Allemagne, Espagne) via un panéliste et devaient répondre aux caractéristiques suivantes :

1. Mes équipes sont constituées d'anthropologues, de designers et de spécialistes des nouvelles tendances.

– Être âgé de 18 à 75 ans (hétérogénéité des villes et des régions de résidence, diversité de composition des ménages).

– Être issu des classes moyennes et des classes supérieures : avoir un pouvoir d'achat suffisant et ne pas être en situation de précarité, c'est-à-dire faire partie, suivant la nomenclature socio-économique européenne (ESeG), des professions intermédiaires salariées, des professions intellectuelles et scientifiques ou des cadres dirigeants.

– Déclarer être sensibles et avoir différents degrés d'engagement envers la psycho-spiritualité et le développement personnel, la cause animale, l'engagement sociétal et la justice sociale, l'équité des genres et l'écologie.

– Avoir mis en place, au cours des trois années qui précèdent l'entretien, des changements de styles de vie dans les domaines de l'alimentation, des loisirs et de la consommation.

– Adhérer à une vision holistique et/ou systémique des enjeux socio-éco-environnementaux.

En substance, la population dont il est question dans cet ouvrage est divisée en deux catégories de personnes. Une première catégorie, minoritaire, que j'ai renommée « les nouveaux sauvages ». Une seconde, majoritaire, c'est-à-dire qui correspond aux autres personnes que j'ai interrogées et dont nous parlerons plus tard dans cet ouvrage.

Cette autre population, je l'ai renommée « les enfants gâtés. » Mais, pour comprendre qui sont les enfants gâtés, vous devez d'abord découvrir qui sont les nouveaux sauvages et quelle est leur influence dans notre monde – et notamment sur les enfants gâtés.

Intuitivement et au fil des années, une minorité de mes enquêtés a particulièrement attisé ma curiosité et c'est sur eux que j'ai progressivement recentré mes travaux de recherche. Les nouveaux sauvages constituent ainsi un tiers de mon échantillon d'étude, soit environ 750 individus. Comme l'ensemble des personnes que j'ai interrogées, ils valorisent certains enjeux sociétaux, comme la justice sociale, l'équité des genres, la psycho-spiritualité ; ainsi que certains enjeux écologiques, comme la sensibilité environnementale, le respect de la condition animale et/ou du vivant ; et ils prônent la transition éco-environnementale dans la justification du bien-fondé de la consommation responsable. Plus surprenant, la conquête spatiale et la création d'univers virtuels immersifs, comme les métavers, représentent également pour eux des réponses écologiques pertinentes pour répondre à l'urgence éco-environnementale.

Mais à l'instar des autres, ils mettent en place des stratégies de réappropriation et de démocratisation des pratiques et des représentations de la consommation dite « responsable ». Par exemple, ils perçoivent les initiatives responsables, comme celles relatives au partage, à l'entraide ou au faire soi-même, comme autant d'opportunités de créer de nouvelles sources de profit. L'une de leurs stratégies préférées consiste à adapter des pratiques non-marchandes à l'économie capitaliste. Comme avec la plateforme Vendredi, qui propose aux entreprises d'accompagner leurs collaborateurs dans leur engagement citoyen. Il en va de même avec l'attrait grandissant pour l'achat de vêtements de seconde main qui, facilité par des plateformes comme Vinted, conduisent à de nouvelles formes de surconsommation[1].

LA CULTURE DU POUVOIR

L'anthropologie nous apprend qu'il ne faut pas se fier aux apparences ; que ce qui semble étrangement logique est peut-être en fait un leurre de l'esprit. Chaque personne, quels que soient son âge, son origine sociale, sa religion et son style de vie, détient une manière d'interpréter le monde qui lui est propre : c'est-à-dire une manière d'analyser le monde qui l'entoure grâce aux savoirs qu'elle a acquis dans sa culture d'origine. Cela vaut aussi pour vous et moi, bien évidemment. Afin de limiter les biais d'interprétation, l'immersion, l'empathie et le décentrement ont été les maîtres mots de la recherche anthropologique que j'ai menée auprès de ces nouveaux sauvages.

Les nouveaux sauvages que j'ai étudiés semblent politiser leurs actions quotidiennes, ils résistent

1. https://korii.slate.fr/biz/consommation-vinted-vetements-recyclage-ecologie-economie-circulaire-fast-fashion

même. Ils veulent changer de vie et mettent tout en œuvre pour y parvenir. Si j'en crois les personnes que j'ai interrogées et écoutées, elles protestent contre l'économie capitaliste, prônent la justice sociale et surtout aspirent à consommer moins afin de réduire leur empreinte carbone, tentant par là de contribuer à enrayer la crise socio-climatique de notre époque.

Mais s'il y a bien une chose que l'anthropologie nous apprend, c'est que nous sommes tous des menteurs de bonne foi. Il y a toujours un écart entre ce qu'une personne dit, ce qu'elle pense faire et ce qu'elle fait réellement. De surcroît, ces nouveaux sauvages ne sont pas toujours de bonne foi : certains jouent de leur bonhomie apparente pour nous faire croire qu'ils ne manœuvrent pas discrètement dans leur intérêt. Pour eux, l'enjeu est de taille : ils sont issus de bonnes familles, disposent pour la plupart d'un patrimoine important et, malgré leurs cursus scolaire et professionnel irréprochables, ils n'ont plus la certitude de parvenir à conserver une position sociale et culturelle cohérente avec leurs ambitions.

Les nouveaux sauvages dont je vous parle ont toutes les caractéristiques d'une élite culturelle sur le déclin, c'est-à-dire une minorité d'individus qui sont conscients de leurs valeurs et de leurs intérêts[1]. L'évolution des critères de la réussite, notamment de l'essoufflement du culte de la

---

1. Giovanni Busino, *Élites et élitisme*, Paris, Presses universitaires de France, 1991.

performance[1] au profit d'une valorisation du développement et de l'épanouissement personnels comme professionnels, pousse ces personnes, souvent très bien dotées socialement, financièrement et culturellement, à modifier leurs pratiques afin de rester cohérentes avec leurs aspirations éthiques.

Les exemples de la jeune femme qui souhaite parcourir le monde en voilier et de celui qui souhaite partir à la retraite à 35 ans illustrent que la notion de « travail rémunéré » n'est pas perçue par ces individus comme une fin en soi, mais plutôt comme un moyen d'atteindre un objectif de distinction sociale par la réalisation d'un projet ou d'un idéal de vie. Pour mieux comprendre les stratégies sociales des nouveaux sauvages, le sociologue et économiste italien Vilfredo Pareto[2] explique que la société est composée de différents éléments interdépendants, lesquels constituent un système, appelé système social. Vilfredo Pareto explique également qu'il y a des perturbations, comme les guerres et les épidémies, mais qu'il y a toujours un retour automatique à l'équilibre. Ce retour automatique à l'équilibre va se traduire par des actions engagées en réaction à ces événements mais qui vont, parfois indirectement, participer à perpétuer le modèle responsable de ces perturbations : c'est-à-dire donner l'illusion du changement, mais assurer une permanence du système

1. Alain Ehrenberg, *Le Culte de la performance* (1991), Paris, Calmann-Lévy, 2014.
2. Vilfredo Pareto, *The Mind and Society* (1916 pour la version italienne originale), New York, Harcourt, Brace and Company, 1935.

social. Ces nouvelles actions vont être perçues, à l'échelle individuelle comme collective, comme un progrès social, du moins dans un premier temps.

Pour que les nouveaux sauvages ne perdent pas leur position dans le système social, il est dans leur intérêt qu'ils retrouvent le plus rapidement possible son état d'équilibre : afin de limiter les mouvements d'ascension sociale de nouveaux venus d'une part, mais surtout de contenir la descente sociale des membres de cette élite d'autre part. D'après Vilfredo Pareto, tous les coups sont possibles pour parvenir à maintenir sa place dans le système social : « La ruse et la force sont nécessaires, mais également l'obtention d'un consensus passif de la part des classes gouvernées[1]. » Autrement dit, les nouveaux sauvages doivent faire en sorte que le reste de la société accepte leur manière de vivre et leurs idées, quitte à devoir s'adapter. S'il est de bon ton de porter des New Balance plutôt que des Weston pour avoir l'air cool et ressembler aux patrons de la Silicon Valley, les nouveaux sauvages se prêtent volontiers au jeu. Idem s'il faut troquer une vie dans le triangle d'or parisien et son poste dans une multinationale contre une vie en communauté en province, où l'on fait le tour des médias pour expliquer son changement de vie et devenir un conférencier prisé.

Les nouveaux sauvages excellent dans l'art de l'hypocrisie : pour assouvir l'idéal d'ascension sociale imposé par les décennies précédentes, ils n'aspirent

---

1. *Ibid.*

plus à être rentiers, mais à devenir, comme nous l'avons vu, militants écologistes ou frugalistes, même si dans les faits la différence entre ces deux manières de vivre ne semble être guère plus qu'un jeu de langage. Un jeu de langage qui masque un jeu de pouvoir bien rodé : celui de la distinction sociale et de *l'habitus*, deux notions que l'on doit au sociologue français Pierre Bourdieu. En substance, ce dernier définit la place de la culture dans la société en montrant que la culture est toujours au centre d'une lutte entre différentes classes sociales qui s'affrontent, mais pas à armes égales, pour la définition et l'appropriation de la culture légitime. Et c'est bien de cela qu'il est question ici avec ces nouveaux sauvages : la conservation du pouvoir par l'imposition d'une nouvelle culture légitime, concordante avec les enjeux socio-éco-environnementaux.

Depuis la parution des recherches de Pierre Bourdieu à ce sujet en 1979[1], d'autres travaux sont venus appuyer ces thèses et par la même occasion les actualiser au fur et à mesure que la société a changé, notamment concernant l'évolution des pratiques culturelles des différentes classes sociales. Je pense notamment au sociologue américain Richard Peterson, qui a développé la notion d'« omnivorisme culturel[2] » que je mobiliserai également par la suite. Cette notion s'intéresse à l'éclectisme culturel comme levier de domination socio-culturelle. Je pense également aux travaux du sociologue français

1. Pierre Bourdieu, *La Distinction. Critique sociale du jugement* (1979), Paris, Minuit, 2016.
2. Richard Peterson, « Le passage à des goûts omnivores : notions, faits et perspectives », *Sociologie et sociétés*, 2004, vol. 36, n° 1.

Bernard Lahire qui, lui, porte son regard sur l'individu et révèle que, quelle que soit l'origine sociale d'un individu, il dispose d'un registre culturel unique[1] qui mobilise des références socialement situées.

En quête de légitimité culturelle, les nouveaux sauvages tentent d'identifier des nouvelles manières d'être et de faire afin de conserver leur position dans le système social. Comme je vais vous l'expliquer dans cet ouvrage, le tour de force des nouveaux sauvages consiste à convaincre le reste de la société de faire l'effort de changer certaines de ses pratiques de consommation pour assurer la permanence du capitalisme grâce à la poursuite de la consommation, afin d'offrir aux générations futures une vie sur Terre agréable.

Je considère d'ailleurs la consommation écoresponsable[2], souvent nommée consommation responsable, comme un conte merveilleux qui permet de mettre en action tous les acteurs mus vers ce même idéal imaginaire d'harmonie entre nature et culture. La mise en pratique de cette consommation responsable est une quête politique. Ici, le politique est entendu dans un sens large, en tant qu'espace

1. Bernard Lahire, *La Culture des individus. Dissonances culturelles et distinction de soi*, Paris, La Découverte, 2016.
2. Selon la définition de l'Ademe, Agence de la transition écologique, « la consommation responsable doit conduire l'acheteur, qu'il soit acteur économique (privé ou public) ou citoyen consommateur, à effectuer son choix en prenant en compte les impacts environnementaux (mais également sociétaux de manière plus générale) à toutes les étapes du cycle de vie du produit (bien ou service) ».

de médiation entre l'échange et la valeur : la paille en bambou devient un fétiche politique lorsque sa publicité et sa consommation participent à la diffusion d'un nouvel idéal de vie. Cet idéal de vie semble accessible à chacun grâce au capitalisme responsable, qui promet de parvenir à concilier sobriété et profitabilité.

LA SOCIO-ÉCO-RESPONSABILITÉ

Les nouveaux sauvages évoluent dans une société qu'ils présentent eux-mêmes comme en proie à de nombreuses fractures sociales et culturelles dans un contexte de radicalisation politique (montée de l'extrême droite en Occident) et religieuse (menace terroriste). D'après les nouveaux sauvages, leur réalité politique serait devenue binaire, avec d'un côté les gentils qui seraient progressistes, et de l'autre côté les méchants qui seraient dans le meilleur des cas conservateurs, et dans le pire des cas populistes.

Lorsque j'écris ces lignes, je partage leur constat et je me permets d'apporter des éléments contextuels supplémentaires qui vont nourrir la suite de mon propos. Les nouveaux sauvages évoluent dans des sociétés où les classes supérieures urbaines se sentent étriquées à une échelle nationale, ce qui les amène à valoriser le cosmopolitisme comme voie d'émancipation. Les classes moyennes, notamment périurbaines, vivent dans l'angoisse du déclassement. À cette fracture sociale s'ajoute une fracture culturelle, entre ceux qui tirent parti des initiatives progressistes et les autres, qui s'en estiment écartés.

Ces clivages s'inscrivent dans un climat culturel morose, avec en toile de fond l'urgence socio-éco-environnementale, qui ne cesse, par ailleurs, d'alimenter les théories alternatives ou du complot qui deviennent légion sur les réseaux sociaux.

En tant qu'anthropologue, je ne fais pas de politique et je ne prends pas parti. Par exemple, dénoncer le populisme et faire l'apologie de la « pensée woke », ou inversement, n'est ni bien ni mal pour moi, car je rapporte seulement les faits que j'ai observés. Plus précisément, je m'intéresse aux discours des acteurs et aux références culturelles que les différentes personnes que j'ai interrogées mobilisent pour me décrire leur réalité. Je m'appuie également sur la littérature scientifique existante, c'est-à-dire des productions qui traitent de sujets proches ou connexes à mes réflexions, pour tenter d'identifier les logiques sociales et culturelles sous-jacentes aux phénomènes sociologiques que j'observe. Je ne me restreins pas dans les sources que je mobilise : autrement dit, je prends autant en considération des points de vue qui prônent la consommation responsable que d'autres, qui dénoncent l'éco-responsabilité comme une imposture de la bien-pensance. Cette posture me permet de dépasser le clivage progressiste-populiste en déconstruisant, puis en recontextualisant les discours des personnes que j'ai rencontrées.

Au sein de cet ouvrage, il sera donc question de s'intéresser à la culture de la socio-éco-responsabilité, qui inclut le mythe du progrès, que j'appelle la pensée magique de l'énergie, et les valeurs progressistes en vogue actuellement (la psycho-spiritualité et le développement personnel, le respect de la condition animale et/ou du vivant, l'engagement sociétal et la justice sociale, l'équité des genres et l'écologie). La culture de la socio-éco-responsabilité s'exprime à l'échelle de la société à travers les dogmes du capitalisme responsable qui doit faire rimer profitabilité des firmes avec transition éco-environnementale. Par contre, à l'échelle de la vie quotidienne, la socio-éco-responsabilité se traduit par la mise en place d'une nouvelle éthique de consommation dite éco-responsable, et elle est axée soit sur des valeurs sociétales, soit sur des valeurs écologiques. C'est ce que l'on appelle la consommation éco-responsable ou consommation responsable.

Dans le langage courant, on parle de manière indifférenciée de progressisme, également appelé bien-pensance, pour décrire la culture la socio-éco-responsabilité qui renvoie pourtant à une réalité plurielle : une réalité qui comprend ceux qui font uniquement l'apologie du progrès, loin des valeurs sociétales ou écologiques ; ceux qui s'intéressent uniquement aux valeurs sociétales ou écologiques ; ceux qui sont sensibles seulement à une valeur, comme la justice sociale ou la psycho-spiritualité ; et enfin ceux qui font l'apologie du progrès et qui valorisent certaines valeurs sociétales ou écologiques.

La culture de la socio-éco-responsabilité s'oppose en pratique mais se confond dans l'imaginaire avec la décroissance. Comme la socio-éco-responsabilité, la décroissance est un concept à la fois politique, économique et social. Mais, à l'inverse de la socio-éco-responsabilité, la décroissance prône la réduction de la consommation. Le capitalisme responsable, lui, sera considéré comme une idéologie, avec ses propres dogmes qui se révèlent parfois être totalitaires.

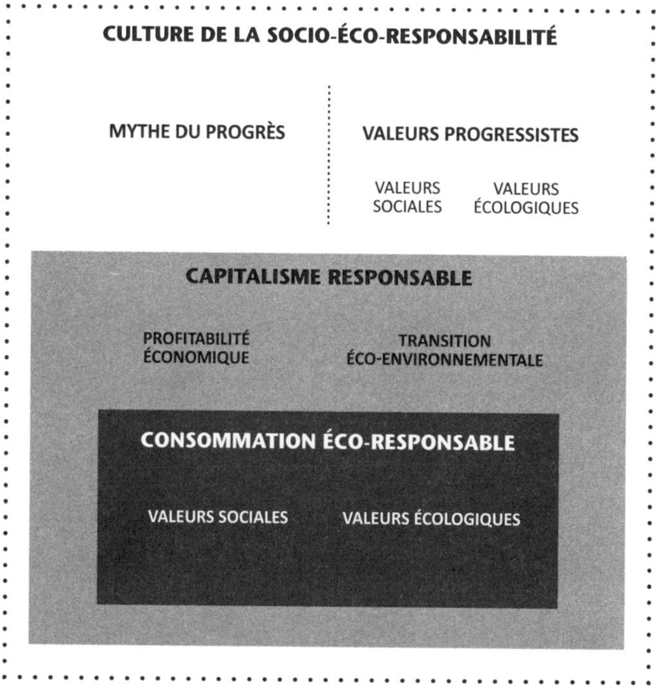

Pour les nouveaux sauvages, le changement est signe de progrès et il s'oppose à l'involution culturelle, qui, elle, renvoie l'image négative d'un retour en arrière. Le progrès n'est que peu compatible avec l'idée de soutenabilité, même si le capitalisme responsable promet de trouver, rapidement, des solutions « vraiment durables ». Comme l'illustre la visualisation ci-dessous, les oppositions entre changement et involution, et entre croissance et soutenabilité permettent de faire émerger plusieurs catégories d'idées et de pensées.

LE CARRÉ SÉMIOTIQUE (GREIMAS) DE LA CULTURE DE LA SOCIO-ÉCO-RESPONSABILITÉ

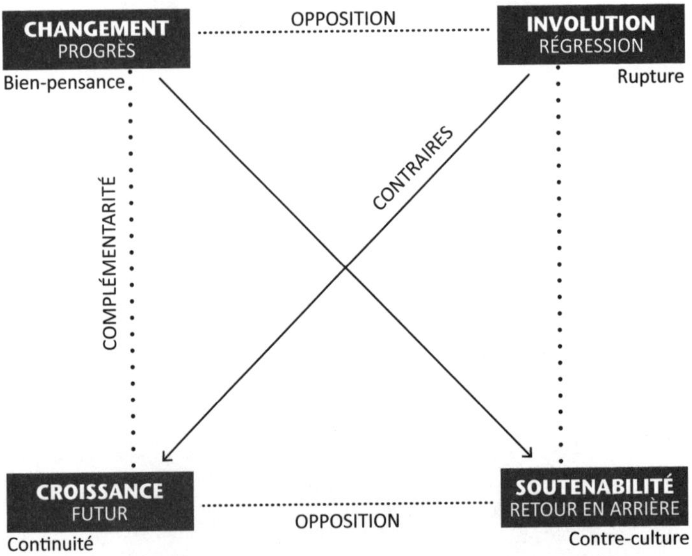

Ces catégories n'ont pas été construites *a priori* mais *a posteriori*, et peuvent donc être considérées comme la synthèse des différents discours auxquels j'ai été confrontée pendant ma recherche anthropologique. J'en ai notamment identifié trois, sur lesquels je me suis appuyée pour réaliser cette monographie anthropologique :

1) Un discours progressiste : toute personne qui estime faire des choix de vie qui vont

dans le « bon sens », c'est-à-dire qu'elle croit au mythe du progrès (ou la pensée magique de l'énergie). Pour elle, le « bon sens » tend à se confondre avec le sens de l'Histoire[1].
Elle s'auto-persuade, souvent à tort, que sa consommation est éco-responsable car pour elle parler des enjeux socio-écologiques ou acheter des produits « verts » équivaut à être une personne responsable.
Les progressistes représentent la majorité des personnes avec lesquelles j'ai échangé, bien que certaines de leurs pratiques de consommation les rapprochent de ceux que j'ai nommés les réac-progressistes.

2) Un discours réac-progressiste : toute personne qui adhère aux valeurs progressistes (sociétales ou écologiques), car elles représentent pour elle l'utopie d'une société émancipée.

3) Un discours populo-progressiste : toute personne qui valorise uniquement les valeurs sociales progressistes, notamment celle de la justice sociale.
À l'inverse du discours progressiste ou réac-progressiste, le discours populo-progressiste ne prône pas le cosmopolitisme mais la culture occidentale, voire le nationalisme. Précision importante : avoir un discours populo-progressiste ne veut pas dire être d'extrême

1. Pierre-André Taguieff, *Les Contre-réactionnaires. Le progressisme entre illusion et imposture*, Paris, Denoël, 2007.

droite. D'ailleurs, toutes les personnes interrogées, quelles que soient leurs idées politiques ou leurs croyances religieuses, étaient modérées, du fait de mes critères de recrutement. Elles affirment cependant des choix de consommation et des styles de vie différenciés, car c'est par leurs choix de vie qu'elles vont se distinguer et qu'elles m'ont permis, en tant qu'anthropologue, d'identifier les stratégies de pouvoir qui structurent la culture de la socio-éco-responsabilité.

L'AXIOLOGIE DE LA CULTURE DE LA SOCIO-ÉCO-RESPONSABILITÉ ET LES CATÉGORIES D'IDÉES ASSOCIÉES

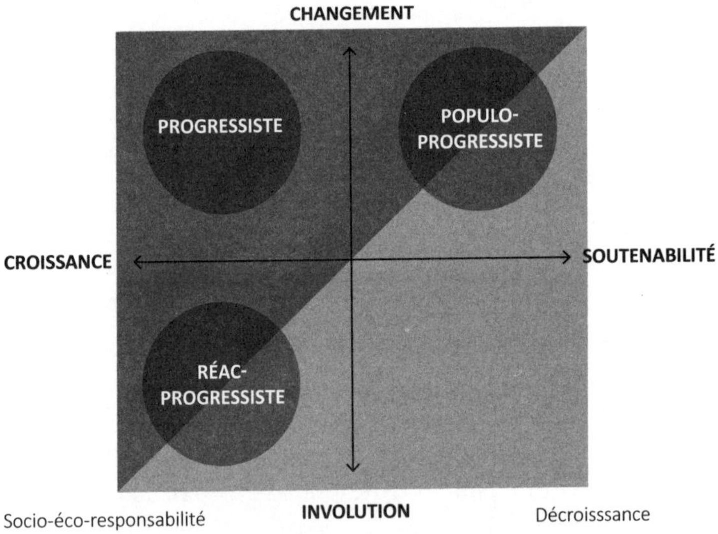

Le pouvoir est d'ailleurs un objet d'étude privilégié des anthropologues et des sociologues, dès lors qu'ils souhaitent aller au-delà de ce qui leur semble évident, afin de comprendre les enjeux sous-jacents aux phénomènes culturels qu'ils observent.

Mon ouvrage ne déroge pas à cette règle : en vous présentant une anthropologie de la culture de la socio-éco-responsabilité, je vous présente en réalité une critique sociale de la reproduction des élites et de l'instauration d'une nouvelle légitimité culturelle, prônée au travers de l'idéologie du capitalisme responsable.

PREMIÈRE PARTIE

BIENVENUE EN CRÉATOCRATIE

Créatocratie : néologisme formé du préfixe creato (création) et du radical cratie (pouvoir).

La créatocratie désigne un système dans lequel ceux qui dirigent, ceux qui ont le plus de pouvoir politique et économique sont ceux qui créent et qui contrôlent la culture[1].

La culture créatocratique est celle de la socio-éco-responsabilité, c'est-à-dire une culture qui érige en valeurs suprêmes les valeurs sociétales (justice sociale, équité des genres, psycho-spiritualité) et les valeurs écologiques (sensibilité environnementale, respect de la condition animale et/ou du vivant) dans la justification du bien-fondé de la consommation éco-responsable, dite consommation responsable.

---

1. Le terme de culture ou de civilisation, pris dans son sens ethnologique le plus étendu, est ce tout complexe qui comprend la connaissance, les croyances, l'art, la morale, le droit, les coutumes et les autres capacités ou habitudes acquises par l'homme en tant que membre de la société, *in* Denys Cuche, « II. L'invention du concept scientifique de culture », in *La Notion de culture dans les sciences sociales*, Paris, La Découverte, coll. « Repères », 2010.

LES NOUVEAUX SAUVAGES ET LA CRÉATOCRATIE

Les nouveaux sauvages représentent une population diplômée des écoles et des universités les plus prestigieuses au monde : la réussite scolaire est une consécration de leurs talents, et la réussite socio-professionnelle récompense leurs mérites. Ces individus représentent 5 à 10 % des populations actives occidentales, ce qui inclut les 1 % les plus riches[1] qui détiennent un diplôme prestigieux.

Les nouveaux sauvages représentent une contre-société qui a élu domicile au sein des quartiers des grandes métropoles occidentales, souvent gentrifiés, où il fait bon vivre.

Ils s'affichent en prescripteurs du *monde d'après* : « ils savent de quoi nous souffrons et délivrent de

1. Antony Burlaud, Allan Popelard et Grégory Rzepski *et al.*, *Le Nouveau Monde. Tableau de la France néolibérale*, Paris, Éditions Amsterdam, 2021.

précieux diagnostics », ironise l'essayiste américain Thomas Franck[1].

LA RUSE

Les nombreux événements mondains et les cérémonies festives[2] qui ponctuent la vie quotidienne des nouveaux sauvages ont constitué mes premiers terrains d'observation anthropologique. Les événements collectifs organisent la vie sociale et représentent, quelle que soit la population étudiée, une porte d'entrée privilégiée pour l'anthropologue : ils permettent d'objectiver les liens rituels qui unissent les gens entre eux et d'identifier leurs croyances, afin de comprendre leurs mécanismes de construction identitaire, qu'ils mobilisent pour faire société.

Le recours à l'induction anthropologique, c'est-à-dire au processus qui permet de passer du particulier (faits observés, cas singuliers, données expérimentales, situations) au général (une loi, une théorie, une connaissance générale[3]) m'a été d'une grande aide pour comprendre les caractéristiques et la fonction sociale des nouveaux sauvages au sein des sociétés occidentales. J'ai

1. Thomas Frank, *Pourquoi les riches votent à gauche*, Marseille, Agone, 2018.
2. Par exemple : soirées entre collaborateurs, brunch entre amis, dîners semi-professionnels où l'on phosphore sur le futur, etc.
3. Olivier Martin, « Induction-déduction », *in* Serge Paugam (dir.), *Les 100 mots de la sociologie*, Paris, Presses universitaires de France, 2012.

fonctionné par homologies structurales, c'est-à-dire que j'ai comparé les manières d'être et de faire des nouveaux sauvages avec celles d'autres populations.

J'ai ainsi appris que les nouveaux sauvages se considèrent comme « la première génération qui sait », comme ils apprécient de le répéter à l'envi lors de leurs événements mondains. Ils aiment également diffuser leurs savoirs, parfois de manière condescendante grâce à l'art de la parole. Cette élite culturelle sur le déclin, car consciente que les préoccupations occidentales changent et qu'ils doivent parvenir à s'adapter, maîtrise différentes formes de prestige oratoire (prise de parole publique, circulation et conservation des idées d'avant-garde, joute verbale, etc.) qu'elle va mobiliser au sein de rites sociaux spécifiques (conférences, dîners, *boot camp*, etc.) qui ont toujours le même objectif : diffuser des idées qui en valent la peine, bien évidemment d'après elle.

J'ai principalement étudié deux types de rites pratiqués par les nouveaux sauvages, les rites primordiaux (valorisation de l'entre-soi), et les rites secondaires (asseoir leur influence sociétale). Par rites primordiaux j'entends toute activité collective accessible uniquement aux nouveaux sauvages ; et je considère comme rites secondaires tout rassemblement organisé par le reste de la population ou une institution extérieure qui sollicite un nouveau sauvage pour qu'il exerce son art oratoire, c'est-à-dire pour qu'il fasse part de son savoir ou de son expérience aux autres.

Ainsi, une conférence TED peut être considérée comme un rite primordial. TED (acronyme de Technology, Entertainment, Design) est une organisation à but non lucratif qui a pour vocation de « changer le monde grâce aux idées puissantes », avec des conférences annuelles où il vous faudra débourser plusieurs milliers de dollars en Amérique du Nord pour venir y assister. L'organisation TED ne fait pas seulement de la curation d'idées, elle impose une nouvelle manière de voir le monde et même de s'exprimer (mise en scène, storytelling imposé, durée de l'intervention, etc.). À l'inverse, un TEDx Talk, c'est-à-dire un événement local sous licence TED[1], plus accessible financièrement, peut être considéré comme un rite secondaire, au même titre qu'une conférence privée, par exemple réalisée dans le cadre d'un événement d'entreprise.

Les rites primordiaux se sont avérés être de bons révélateurs de l'idéologie des nouveaux sauvages. Les rites secondaires, eux, m'ont permis d'identifier la fonction sociale des nouveaux sauvages au sein des sociétés occidentales, non loin de celle attribuée au *bouffon rituel* de la région de Ségou au Mali, décrit par l'anthropologue française Laure Carbonnel[2]. Ceux qui occupent la fonction sociale malienne de *bouffon rituel* sont des femmes et des hommes ordinaires qui, lors de certaines festivités, vont utiliser la ruse pour moraliser la population

1. Par exemple : TEDxUTTroyes, TEDxSaintEtienne, TEDxEMLYON.
2. https://www.cargo.canthel.fr/wp-content/uploads/2020/09/cArgo_n10_carbonnel-bouffon.pdf

sans avoir recours à l'autorité hiérarchique. Par la ruse, le *bouffon rituel* peut amener les autres à faire l'inverse de ce qu'il dit.

Lorsqu'un nouveau sauvage prend publiquement la parole et dit : « La consommation, c'est mal, mais vous pouvez continuer de consommer grâce au capitalisme responsable », il se pose en grand critique moralisateur de la consommation de masse, et il parvient, de façon détournée, à faire infuser l'idée qu'il est malgré tout possible de consommer « mieux ». Par la même occasion, il devient le garant de la survie du système capitaliste et de surconsommation. En 2011, la marque de vêtements californienne Patagonia a usé de ce subterfuge. Le journal *The New York Times* montre la publicité d'une veste d'hiver de la marque, accompagnée du slogan choc : « N'achetez pas cette veste[1] » ; ce qui a permis de booster les ventes de cet article.

LES DOGMES

Traditionnellement, les anthropologues s'intéressent à des groupes de personnes qui vivent sur des territoires aux frontières bien réelles, qui peuvent être naturelles ou politiques. Les nouveaux sauvages, eux, n'ont pas de frontières autres que celles, pour l'instant, de notre planète. Ils

---

1. https://www.lefigaro.fr/societes/2011/12/02/04015-20111202ARTFIG00690-quand-patagonia-appelle-a-ne-pas-acheter-ses-produits.php

coexistent la majorité du temps, plutôt bien, avec le reste de la population occidentale. Les événements collectifs qui les réunissent ont donné naissance à une nouvelle forme de territoire, celui de la créatocratie.

La créatocratie est un lieu hétérotopique, c'est-à-dire un lieu réel qui héberge l'imaginaire : ici, ce qui est réel n'est pas pour autant vrai et inversement, à l'image des cabanes d'enfants à l'abri desquelles tout devient possible si l'on croit aux histoires. Ce lieu est présent en Amérique du Nord, en Europe et en Asie. Il est composé d'une oligarchie politico-économique très puissante (firmes, start-up, institutions, ONG) qui est persuadée que la technologie est la solution à tous les maux du postmodernisme. Les membres de l'élite culturelle se comportent comme des disciples religieux (comme l'était le clergé avant la Révolution, ou comme le sont toujours les prêtres shintoïstes au Japon[1]), en instaurant de nouveaux dogmes qui seront imposés à la population, notamment à ceux que les démocraties nomment la classe moyenne.

Ces dogmes reposent sur une pensée magique[2] de l'énergie, une énergie qui promet le salut à nos

---

1. Émilie Lechenaut, *Le Manga. Un dispositif communicationnel : perception et interactivité*, Université Michel-de-Montaigne – Bordeaux III, 2013.
2. La pensée magique est associée à tout ce qui est psychique, paranormal, occulte ou New Age, ou peut désigner l'une des croyances et pratiques d'organisations néopaïennes telles que la Wicca, dont les praticiens favorisent toute référence à des pouvoirs surnaturels ou tout ce qui semble miraculeux ou merveilleux.

sociétés occidentales. Une énergie qui rend possible la transition éco-environnementale et qui assurera, par la même occasion, le maintien du mode de vie occidental et de nos institutions, c'est-à-dire l'ensemble des conditions de vie et des règles du vivre-ensemble qui, grâce aux avancées sociales et technologiques, assure, du moins en théorie, l'accès pour chaque personne à de nombreuses aménités (transport, santé, divertissement, etc.).

Le techno-solutionnisme tout-puissant

L'énergie est invisible pour les personnes qui ont un mode de vie occidental, pourtant c'est l'énergie qui rend possible leur vie quotidienne. Chaque transition énergétique a conduit à modifier en profondeur la société : de la domestication animale et des éléments – eau (barrages), vent (moulins) – à la machine à vapeur au XIXe siècle, du charbon au pétrole et à l'électricité au XXe siècle, des énergies renouvelables du XXIe siècle à l'espoir porté par la potentielle découverte de la fusion nucléaire dans le futur (peut-être en 2050 ou alors au XXIIe siècle). Chaque transition amène une promesse similaire : celle de l'augmentation du confort individuel et d'une meilleure rentabilité des firmes, pour la prospérité des États-nation.

L'histoire se répète. Il est toujours question d'une nouvelle énergie, plus performante que la précédente, disponible plus rapidement et en plus grande quantité. L'imaginaire énergétique de la consommation du XXe siècle s'est d'ailleurs construit sur la perception d'une énergie abondante, bon marché et accessible à tous. Au XXIe siècle, les problématiques énergétiques vont de pair avec des enjeux socio-éco-environnementaux (risques sociaux et écologiques, diminution de l'empreinte carbone) et socio-techniques, notamment à travers la phygitalisation de nos modes de vie, c'est-à-dire l'hybridation entre les différents niveaux de réalité (la vie physique, la vie numérique, la vie virtuelle).

La pensée magique de l'énergie produit une mise à distance entre les pratiques quotidiennes, le sens des innovations socio-éco-responsables et la réalité de l'impact du mode de vie de la population comme de l'élite culturelle. La pensée magique de l'énergie propose une vision optimiste de l'avenir, qui s'appuie sur le cornucopianisme. Il s'agit d'une croyance selon laquelle les innovations technologiques permettront à l'humanité de subvenir éternellement à ses besoins matériels[1].

Cette approche techno-solutionniste du progrès et du futur de nos sociétés permet presque d'occulter les principales contradictions des dogmes de la créatocratie : les petits gestes éco-environnementaux demandés à la population sont dérisoires pour enrayer le réchauffement climatique[2], l'oligarchie et l'élite intellectuelle et culturelle ont une empreinte carbone dix fois supérieure au reste de la population

---

1. Naom Oreskes et Erik M. Conway, *Les Marchands de doute. Ou comment une poignée de scientifiques ont masqué la vérité sur des enjeux de société tels que le tabagisme et le réchauffement climatique* (2012), Paris, Le Pommier, 2016.
2. https://www.carbone4.com/publication-faire-sa-part

mondiale[1], le numérique et les objets technologiques sont très polluants[2] (extraction de terres rares, production de l'énergie des serveurs internet, etc.), et surtout elles maintiennent dans le dénuement tout un pan de la population qui participe à rendre possible ce mode de vie ou qui en est victime[3] (mauvaise condition de travail, écosystème pollué, etc.).

Changer le monde au prix du moindre effort

La pensée magique de l'énergie promet une transition éco-environnementale douce et à moindre effort aux populations occidentales, ou du moins sans bouleversement majeur des routines quotidiennes. Pourtant, si une telle promesse était tenable, cela serait une véritable prouesse car, dans l'histoire, toutes les révolutions énergétiques ont engendré de nombreux changements de société.

L'oligarchie politico-économique, ne souhaitant pas non plus que son quotidien soit bouleversé, cherche à préserver ses intérêts, notamment productivistes et de compétitivité. Comme elle ne veut pas être traitée de climatosceptique, elle jongle

---

1. Selon une étude du World Inequality Lab, publiée en 2021, « les 10 % les plus riches de la population mondiale émettent près de 48 % des émissions mondiales en 2019, les 1 % les plus riches émettent 17 % du total, tandis que la moitié la plus pauvre de la population mondiale émet 12 % des émissions mondiales » : https://wid.world/fr/news-article/climate-change-the-global-inequality-of-carbon-emissions-2/
2. Fabrice Flipo, Michelle Dobré et Marion Michot, *La Face cachée du numérique. L'impact environnemental des nouvelles technologies*, Paris, L'Échappée, 2013.
3. Jean Ziegler, *Le Capitalisme expliqué à ma petite-fille (en espérant qu'elle en verra la fin)*, Paris, Le Seuil, 2018.

ainsi en permanence entre ses pratiques énergétiques non-renouvelables et hyper-carbonées et un discours techno-solutionniste dans lequel la pensée magique de l'énergie est érigée en vérité absolue.

Au sein des sociétés mondialisées et libérales telles que la nôtre, atteindre cet objectif nécessite d'innover. Cette course à l'innovation socio-éco-responsable permet certes, pour le moment, le maintien du mode de vie d'une minorité de personnes dans le monde, au détriment des autres, mais entraîne, pour cette minorité, une évolution des styles de vie.

Un style de vie permet de définir une manière de vivre, d'être et de penser, d'une personne ou d'un groupe d'individus. En d'autres termes, un style de vie s'exprime à travers un comportement quotidien (types de relations sociales, façon de consommer, de se divertir, de s'habiller) et des valeurs spécifiques. En pratique, un style de vie implique un choix, conscient ou inconscient, pour une personne. Cela induit, par exemple, la valorisation de nouveaux circuits d'approvisionnement (aller faire une partie de ses courses à la Biocoop plutôt qu'uniquement chez Carrefour, acheter certains vêtements d'occasion sur Internet, etc.), sans pour autant entraîner une baisse de son confort au quotidien : cette personne continue d'avoir accès à tous les produits de consommation courante et peut, comme il le souhaite, continuer d'acquérir de nouveaux vêtements, qu'ils soient neufs ou d'occasion.

Ceux qui optent pour un style de vie socio-éco-responsable, suivant les dogmes édictés par la créatocratie, mobilisent l'énergie comme un paradigme anthropologique, c'est-à-dire que l'énergie va leur permettre de se créer une représentation du monde, une manière d'appréhender la vie quotidienne.

Étudier la fonction anthropologique de l'énergie en créatocratie nécessite d'analyser les modes de production, de distribution et de consommation des énergies (animales, humaines, spirituelles et technologiques) car elles façonnent les sociétés, les institutions politiques, les cultures et plus largement nos conceptions du monde : l'énergie imprègne tout ce que nous faisons, elle est nécessaire à l'accomplissement de bon nombre de tâches quotidiennes.

C'est le cas également de l'argent, qui est omniprésent en créatocratie. Il est considéré comme une forme d'énergie, dite « énergie spirituelle ». En créatocratie, l'argent devient même une « religion monétaire[1] » dans laquelle la « finance verte » a pour totem le *greenwashing*[2] institutionnalisé. L'argent permet, en fonction de la quantité d'énergie spirituelle disponible et des choix de consommation effectués, d'être un bon croyant : c'est-à-dire de suivre du mieux possible les dogmes des disciples de l'oligarchie. En pratique,

1. Lisa Aldred, « "Money is just spiritual energy" : Incorporating the new age », *The Journal of Popular Culture*, 2002, vol. 35, n° 4.
2. Méthode marketing qui consiste à communiquer auprès du public en utilisant l'argument écologique.

plus un individu dispose d'énergie spirituelle, c'est-à-dire d'argent, plus il va être en capacité d'opter pour une consommation éco-responsable et donc d'être perçu comme quelqu'un de bien. L'éco-responsabilité devient même un miroir des conflits sociaux, comme le suggère le sociologue Bruno Latour dans *Mémo sur la nouvelle classe écologique* paru en janvier 2022.

LA PROMESSE

L'émergence d'un ordre néo-aristocratique du *monde d'après*[1], constitué par l'oligarchie et l'élite culturelle, instaure une tyrannie[2] pour certains, et pour d'autres, un totalitarisme doux[3] : le sens des mots change, la frontière entre la réalité et la fiction se brouille, et la polarisation de la société se fait de plus en plus radicale[4]. On dit de l'élite culturelle qu'elle est déconnectée des préoccupations du reste de la population, et une rumeur ne cesse d'enfler : une partie pour le moment minoritaire de la population met en doute la pensée magique de l'énergie. Le taux d'adhésion à cette croyance est en recul et des soubresauts de soulèvements fleurissent au sein de la population (marches pour le climat, remise en cause du décret sur la neutralité carbone des produits,

1. Joel Kotkin, *The Coming of Neo-Feudalism : A Warning to the Global Middle Class*, New York, Encounter Books, 2020.
2. Antony Burlaud, Allan Popelard et Grégory Rzepski, *op. cit.*
3. Michel Maffesoli, *L'Ère des soulèvements*, Paris, Le Cerf, 2021.
4. Ces thématiques seront traitées dans la troisième partie de l'ouvrage.

« effet Greta Thunberg », etc.). En mars 2022, la presse se fait l'écho d'une étude menée par des chercheurs de l'université anglaise de Leeds, sur laquelle s'appuient le groupe C40, « un réseau mondial de maires prenant des mesures urgentes pour faire face à la crise climatique et créer un avenir où chacun peut prospérer »[1] et la firme Arup[2] pour présenter six éco-gestes qui, d'après les résultats de cette étude, seraient vraiment utiles[3] :

> 1) Se limiter à un vol court-courrier tous les trois ans et à un vol long-courrier tous les huit ans.
>
> 2) Acheter seulement trois nouveaux vêtements par an.
>
> 3) Passer à une alimentation essentiellement végétale, avec des portions saines et en limitant le gaspillage.
>
> 4) Conserver ses objets électriques pendant au moins sept ans.
>
> 5) Se débarrasser de son véhicule personnel si possible. Et si ce n'est pas le cas, conserver son véhicule actuel plus longtemps.

---

1. https://www.c40.org.
2. La firme Arup propose des solutions innovantes et durables dans un large éventail de disciplines.
3. https://static1.squarespace.com/static/5f462d8d0b04df7da032a9bd/t/62252df0cc7bb27d653085a4/1646603770769/The+Power+of+People+-+The+JUMP.pdf

6) Effectuer au moins un changement dans sa vie pour faire bouger le système, comme passer à l'énergie verte ou isoler sa maison.

Cette étude va de pair avec le lancement d'un mouvement pour le climat, Take the Jump[1], dont l'objectif est de convaincre puis de soutenir les personnes qui disposent d'un pouvoir d'achat relativement important à « faire le saut » et à souscrire à ces six engagements.

L'ordre néo-aristocratique du *monde d'après* se doit de réagir afin que la population continue de croire en lui (firmes, start-up, institutions, ONG). Si la population cesse de croire, ses membres cessent d'exister, et cela, au propre comme au figuré.

La créatocratie ressemble à s'y méprendre à une dystopie, non loin de celles d'Aldous Huxley (*Le Meilleur des mondes*), de George Orwell (*1984*) ou de celle, moins connue, de Michael Young (*La Méritocratie*). Mais elle n'en est pas une. La créatocratie, c'est le terme que j'ai choisi pour décrire le milieu naturel et l'entre-soi dans lequel évoluent les nouveaux sauvages. En créatocratie, l'oligarchie politico-économique impose ses choix. Les nouveaux sauvages tentent tant bien que mal de composer avec leurs intérêts et surtout, avec ceux de l'oligarchie. Certains nouveaux sauvages sont cyniques et, comme l'oligarchie, ils ne croient pas à la pensée magique de l'énergie. D'autres, à

1. https://takethejump.org.

l'inverse, sont persuadés de faire le bien, et c'est avec cette conviction qu'ils participent à diffuser les dogmes techno-solutionnistes.

Ce que j'appelle la pensée magique de l'énergie leur permet de valoriser le capitalisme responsable comme un système que l'on ne peut pas remettre en cause : il est *le* système, la seule voie possible pour demain. Le capitalisme responsable est un modèle qui doit permettre la prospérité économique, tout en apportant des réponses aux défis écologiques et sociaux, comme le rapportait l'Institut Montaigne en 2020[1]. Le remettre en cause devient de plus en plus compliqué, comme l'explique le géographe américain Joel Kotkin[2], qui lui ne parle pas de créatocratie mais de néoféodalisme. Notre monde serait entré dans un nouvel âge, celui d'un Moyen Âge de l'esprit[3] version high-tech[4]. Deux termes pour décrire, d'après moi, une même réalité : celle des prémices de l'avènement d'un nouvel obscurantisme porté par la pensée magique de l'énergie.

Avec le capitalisme responsable, les nouveaux sauvages prétendent pouvoir préserver l'environnement

---

1. https://www.institutmontaigne.org/publications/le-capitalisme-responsable-une-chance-pour-leurope
2. Joel Kotkin, *op. cit.*
3. Pour l'historien français David Colon, l'ère de la post-vérité s'apparente à un nouveau Moyen Âge de l'esprit : David Colon, *Propagande. La manipulation de masse dans le monde contemporain*, Paris, Belin, 2019.
4. L'économiste français Cédric Durand parle de techno-féodalisme : Cédric Durand, *Technoféodalisme. Critique de l'économie numérique*, Paris, La Découverte/Zones, 2020.

tout en assurant la croissance économique de nos sociétés occidentales. Ils parlent d'économie verte, qui peut prendre différentes formes (la production utilisant des produits recyclables, la gestion des déchets, les biocarburants, l'énergie éolienne, l'énergie solaire, les voitures électriques, la bioagriculture, etc.) et être la résultante de multiples phénomènes : la prise de conscience des enjeux environnementaux par les consommateurs, incitant les entreprises à réorienter leur production, les incitations fiscales, les contraintes réglementaires qui peuvent obliger à produire « vert », ou encore l'intégration progressive d'une nouvelle éthique de production, portée par les valeurs des entreprises.

Le capitalisme responsable, bien que système hégémonique des sociétés occidentales, ne fait pas l'unanimité auprès de la population. Certains dissidents se sont désolidarisés de l'ordre et bâtissent de nouvelles religions, comme celle baptisée Way of The Future (WOTF)[1]. Dans ce culte, fondé par un ancien cadre d'Uber, Anthony Levandowski, le dieu est une intelligence artificielle. WOTF illustre l'apparition d'une nouvelle génération de prophètes de la technologie. Par crainte du soulèvement des robots sur l'espèce humaine, certains ont décidé de leur vouer un culte dès à présent. À l'inverse, d'autres examinent et expérimentent de nouvelles manières de penser et de vivre. Par exemple, d'après les collapsologues, l'effondrement

1. https://sciencepost.fr/voici-wotf-nouvelle-secte-venerant-lintelligence-artificielle/

de nos sociétés thermo-industrielles[1] serait inéluctable, mais pas pour autant négatif : ce serait même l'occasion d'imaginer de nouvelles manières de vivre ensemble. Ils réfutent donc de fait la pertinence de l'idéologie du capitalisme responsable[2].

Ceux qui prônent le capitalisme responsable sous-estiment également un fait de taille : les préoccupations socio-éco-responsables ne sont l'apanage que d'une minorité de personnes. En Occident, ces personnes sont majoritairement issues de l'ordre néo-aristocratique du *monde d'après* et représentent environ 10 % de la population[3]. Dans le reste du monde, l'émergence de nouvelles classes moyennes des pays du Sud rend inapproprié le discours porté par l'ordre néo-aristocratique du *monde d'après* : pour ces populations, l'hyper-consommation est perçue comme un droit et un loisir et ce, bien loin des enjeux sociaux, écologiques ou environnementaux.

Et n'oublions pas qu'en Occident, la place et le rôle du consumérisme évoluent lentement : la consommation est toujours perçue comme un loisir et l'accumulation d'objets demeure un symbole de réussite sociale pour bon nombre de nos concitoyens.

---

1. Relatif au fait que l'économie moderne et l'industrie fonctionnent grâce aux énergies fossiles.
2. Pablo Servigne et Raphaël Stevens, *Comment tout peut s'effondrer. Petit manuel de collapsologie à l'usage des générations présentes*, Paris, Le Seuil, 2015.
3. Joel Kotkin, *op. cit.*

L'ÉLITE

Un nouveau sauvage est une personne qui répond aux caractéristiques économiques et sociologiques des élites culturelles, et en même temps aux caractéristiques de la figure de l'intellectuel. Les nouveaux sauvages prônent le capitalisme responsable et diffusent la pensée magique de l'énergie. Ils forment une classe sociale spécifique, celle de l'élite médiatico-créative de la créatocratie.

Les nouveaux sauvages constituent une classe sociale hétérogène, mais tous disposent d'une fluidité oratoire, de la faculté de juger de manière détachée les personnes et la société, et sont soucieux de l'environnement. Ils revendiquent une pluralité de points de vue, une diversité de regards et une indépendance. Cette liberté de penser n'est cependant pas totale : ils cultivent l'illusion de leur indépendance alors qu'ils sont des « commis » (collaborateurs, prestataires ou salariés) de l'oligarchie politico-économique[1].

Ils sont organisés en différentes catégories, suivant un principe hiérarchique. Au sommet se situent les « créateurs ». Cette catégorie se compose de savants, d'entrepreneurs, d'artistes et de designers, de chercheurs, d'auteurs, de divers directeurs de journaux et de journalistes. Ensuite on trouve les vulgarisateurs et les autres journalistes qui, eux, œuvrent à rendre accessibles à la population les

1. Antonio Gramsci, « Socialism and culture », *Pre-Prison Writings*, 1916.

idées des « créateurs ». Enfin vient la catégorie inférieure de cette élite. Elle se compose majoritairement d'ingénieurs qui oscillent entre désir de création culturelle et envie de se rapprocher (encore plus) de l'oligarchie politico-économique.

Si j'ai retenu le terme d'élite médiatico-créative[1] pour les nommer, c'est qu'il permet d'illustrer, d'après moi, l'atout principal des nouveaux sauvages : avoir une influence médiatique afin de diffuser des idées perçues comme novatrices et qui servent les intérêts des oligarques (et donc également leurs intérêts) à l'ensemble de la société.

Les nouveaux sauvages, quelle que soit leur catégorie d'appartenance, peuvent occuper différentes fonctions sociales : ils peuvent être des critiques, des médiatiques ou des démocratiques[2]. Les premiers, les critiques, sont les plus militants (féministes, écologistes, végans) : ils développent des propos à contre courant de la doxa du capitalisme responsable et ils sont minoritaires. Ils se débrouillent pour conserver un discours *mainstream* et ne pas être exclus, notamment des firmes avec lesquelles ils nouent des relations d'affaires de confiance. Ils sont perçus comme les bien-pensants de la créatocratie et participent, parfois

---

1. Très rare sont les travaux qui mobilisent ce terme, si ce n'est le romancier, essayiste et chroniqueur français, diplômé d'anthropologie culturelle et chasseur de tendances pour le luxe, qui avait flairé l'avènement du métrosexuel, Nicolas Chemla, en février 2021 : https://www.lesinfluences.fr/2021/02/24/les-messes-decoloniales-de-sainte-netflix/?reload=783184?reload=208990
2. Antigone Mouchtouris (dir.), *La Compétition culturelle des élites intellectuelles*, Paris, L'Harmattan, 2019.

de manière illusoire, à forger l'esprit critique de la population. Les seconds, les médiatiques, le plus souvent des *greenwashers*, peuvent également être, dans de rares cas, des critiques, mais préfèrent se faire les porte-parole de l'oligarchie et excellent dans l'art de prendre position dans les médias ou sur les réseaux sociaux. Par exemple, ils aiment vanter les mérites des politiques sociales ou environnementales mises en place, afin que le reste de la population adhère à la pensée magique de l'énergie[1]. Enfin, les troisièmes, les démocratiques, sont ceux qui sont le plus en prise avec la réalité : ils sont militants par certains aspects, mais n'hésitent pas à faire du *greenwashing* pour arriver à leurs fins. Par exemple, ils peuvent avoir des agences de design ou d'événements labellisées B Corp[2], créer des sites internet qui ressemblent à s'y méprendre à un manifeste révolutionnaire, et ne pas hésiter à accompagner les firmes dans leurs stratégies d'institutionnalisation du « *responsive washing* »[3].

Les nouveaux sauvages obéissent à un principe de compétitions et de sélections internes qui les

---

1. David Amiel et Ismaël Émelien, *Le progrès ne tombe pas du ciel. Manifeste*, Paris, Fayard, 2019.
2. Le label B Corp (Benefit Corporation) est une certification octroyée aux sociétés commerciales répondant à des exigences sociétales et environnementales de gouvernance et en adéquation avec les critères comptables et de transparence requis. La philosophie de ce label se retrouve dans son slogan : « Être les meilleures pour le monde et non pas les meilleures au monde ! »
3. Ensemble des méthodes marketing qui consistent à communiquer auprès du public en utilisant les arguments liés à des valeurs sociétales ou écologiques (par exemple : le *femwashing*, le *greenwashing* ou le *whitewashing*).

poussent à des formes de concurrence plus ou moins explicites. Comme l'autorité de l'élite n'est pas uniquement basée sur l'argent mais également sur le savoir, chaque nouveau sauvage doit être en capacité d'imposer ses idées à son groupe social, mais également au reste de la population. Pour eux, il s'agit d'un enjeu de survie : imposer leurs idées au plus grand nombre leur permet d'asseoir leur légitimité sociale.

L'ensemble des idées qu'ils diffusent auprès de la population constitue la culture légitime qui est la garante du maintien du système néolibéral et capitaliste. Parvenir à imposer un savoir perçu comme supérieur aux autres nécessite que les nouveaux sauvages soient en capacité de capter « l'air du temps » afin de traduire les enjeux sociétaux en idées progressistes. Pour ce faire, l'élite doit développer ses aptitudes créatives afin d'apporter du renouveau, tant à l'oligarchie qu'à la population.

À chaque époque, l'élite doit jouer des coudes pour imposer ses idées, et donc une culture légitime. Les idées prônées par l'élite sont les miroirs d'une époque et des idéologies dominantes : au XIXe siècle, ce sont les idéologies religieuses (charité) et politiques (solidarité) avec lesquelles les élites intellectuelles sont en concurrence ; et au XXe siècle, ce sont les idéologies démocratiques (égalité) et humanistes (équité) qui s'affrontent par l'intermédiaire des élites intellectuelles[1]. Au

1. David Amiel et Ismaël Émelien, *Le progrès ne tombe pas du ciel*, *op. cit.*

XXIe siècle, les nouveaux sauvages, eux, se livrent à une compétition entre les idéologies écologiques (sobriété) et économiques (responsabilité) : pour parvenir à imposer le capitalisme responsable comme solution aux maux de notre époque et par la même occasion consolider la conviction du bien-fondé de l'ordre social auprès de la population.

LA CULTURE LÉGITIME

Asseoir le capitalisme responsable comme nouvelle culture légitime nécessite que les nouveaux sauvages définissent les codes de la bienséance et les valeurs à suivre ; tournés autour de l'instruction, du bien-être, de la culture, de la santé et de l'éducation de leurs enfants[1]. Cette élite prône la sobriété comme nouvelle forme de distinction sociale ; et valorise la flexibilité comme nouvelle manière de vivre et notamment de travailler, même si cela engendre une précarisation importante de la population[2].

Les nouveaux sauvages valorisent une consommation qui reflète une sensibilité à différents domaines de la vie comme la psycho-spiritualité et le développement personnel, le respect de la condition animale et/ou du vivant, l'engagement sociétal et la justice sociale, l'équité des genres et l'écologie. Une partie des nouveaux sauvages invite le reste

---

1. Anthony Burlaud, Allan Popelard et Grégory Rzepski, *op. cit.*
2. https://lexpansion.lexpress.fr/actualite-economique/la-fin-du-salariat-comment-l-uberisation-change-le-travail_1733397.html

de la population à faire preuve de progressisme ; alors qu'une autre partie des nouveaux sauvages, elle, valorise une modernisation de la pensée conservatrice afin que rien ne change vraiment. Mais tous manœuvrent afin de rendre valorisant le fait de consommer différemment, tout en consommant toujours autant – voire plus.

Les nouveaux sauvages mettent en place deux stratégies principales pour parvenir à leurs fins. La première vise à moraliser le néolibéralisme et le capitalisme afin d'enrayer la crise éco-environnementale, et ce, par la valorisation de causes extra-occidentales ; afin d'amener la population à choisir une marchandise responsable plutôt qu'une autre, jugée irresponsable. Par exemple, en soutenant les conditions de travail des populations autochtones d'Amérique latine ou en boycottant les marques qui commercialisent des produits fabriqués par des populations exploitées, comme les Ouïghours en Chine. Bien que louable, cette stratégie engendre une mise à distance supplémentaire des effets néfastes de nos modes de vie occidentaux sur le reste du monde : si l'on est persuadé de faire le bien à travers ses choix de consommation, il est beaucoup plus compliqué de remettre en cause l'impact global du mode de vie occidental, tant pour les humains que pour l'environnement.

La seconde, elle, consiste à appliquer les théories des affaires, visant à rendre rentable une activité dans des secteurs où, par définition, l'on n'est pas censé faire du profit, comme l'associatif ou le caritatif ; tout en ayant souvent recours à la débrouillarde socio-économique[1]. La débrouillardise socio-économique représente une opportunité de bénéficier de la solidarité du reste de la population, comme avec les financements participatifs, et donc de faire appel à des personnes qui disposent de ressources économiques inférieures aux siennes propres.

En 2022, l'opinion publique n'est pas tendre avec les nouveaux sauvages : on les accuse de pratiquer une « écologie bourgeoise » qui détruit la planète[2]. D'ailleurs, les histoires que l'on raconte à leur sujet se ressemblent toutes, à l'image de la militante écologiste qui part faire le tour du monde avec le voilier de papa ou du frugaliste qui souhaite devenir rentier à 35 ans, dont je vous ai parlé en introduction.

Le sociologue et altermondialiste suisse Jean Ziegler va plus loin et dénonce la dictature des oligarchies du capital financier globalisé qui contraint l'humanité à se soumettre à la main invisible : d'après lui, le marché est devenu Dieu[3]. D'autres encore, comme le couple de sociologues français Michel et Monique Pinçon-Charlot, spécialistes de la grande bourgeoisie[4], proposent une sociologie critique de la lutte des classes à travers

1. C'est le cas, par exemple, de l'initiative Too Good To Go.
2. https://www.frustrationmagazine.fr/ecologie-bourgeoise/
3. Jean Ziegler, *op. cit.*
4. Michel Pinçon et Monique Pinçon-Charlot, *Voyage en grande bourgeoisie. Journal d'enquête*, Paris, Presses universitaires de France, 2005.

un jeu de société engagé (Kapital ![1]). Le jeu questionne les rapports entre les classes sociales à travers les stratégies des « dominants » pour conserver leur position sociale. Chacun à sa manière, ces sociologues dénoncent une vision occidentalo-centrée de la socio-éco-responsabilité, car de nombreuses populations à travers le monde polluent beaucoup moins que les grandes puissances mondiales ; questionnant de fait la pertinence du discours véhiculé autour d'une « humanité responsable » de la destruction de son habitat naturel.

Les nouveaux sauvages ne sont pas pour autant totalement déconnectés des aspirations du reste de la population, notamment occidentale. La culture légitime de la socio-éco-responsabilité s'est construite progressivement depuis le début des années 1990, coïncidant avec l'essor du numérique et le retour de la crise économique[2]. Certains nouveaux sauvages que j'ai interrogés ont même conscience des paradoxes qu'ils soutiennent et de l'illusion qu'ils provoquent au sein des sociétés néolibérales et capitalistes. Par exemple, un homme trentenaire, à la tête d'une agence de design parisienne renommée et qui prône le minimalisme, m'explique : « Aujourd'hui, je gagne de l'argent et j'ai une influence médiatique de plus en plus importante. Mais je fais le choix de me

---

1. https://www.lesinrocks.com/cheek/kapital-le-jeu-des-pincon-charlot-a-glisser-sous-le-sapin-de-vos-potes-de-droite-192079-29-11-2019/
2. Dominique Desjeux, *L'Empreinte anthropologique du monde. Méthode inductive illustrée*, Lausanne, Peter Lang, 1995.

promener en jeans et T-shirts, comme si je n'avais pas un rond. Je préfère montrer ma réussite sociale en parlant de la bouffe bio que je mange et de mon quartier écolo dans lequel je vis. Pour moi, c'est ça affirmer sa réussite ! »

L'ÉMERGENCE D'ETHNIES CULTURELLES

Les nouveaux sauvages se jouent des apparences : alors que certains les réduisent à des figures sociales spécifiques, comme le *bobo* ou le *boubour*, d'autres ne voient en eux qu'un « bloc bourgeois », érigé au rang d'émissaire de l'oligarchie politico-économique. D'après moi, ils sont à la fois les uns et les autres, ils ont le sens du style[1] et l'évolution sociétale (sociale, économique, politique et environnementale) les a conduits à modifier leurs stratégies de distinction sociale. Le monde change et ils se sont adaptés à ces changements.

En effet, l'âge d'or d'une consommation insouciante des pays occidentaux, qui s'étend des Trente Glorieuses aux années 1990, symbole d'une amélioration des conditions de vie, semble désormais révolu. Le maintien d'une société de l'abondance

---

1. Dick Hebdige, *Sous-culture. Le sens du style* (1979), Paris, La Découverte/Zones, 2021.

est difficilement compatible avec la transition éco-environnementale nécessaire.

En réaction, la créatocratie met en place une nouvelle idéologie d'un capitalisme responsable, grâce au conte merveilleux des enfants gâtés[1]. Cette idéologie appelle au sevrage économique, mais pas consumériste pour autant : il est à présent possible de continuer à surconsommer même si notre pouvoir d'achat baisse (location d'objets, achat d'objets de seconde main, etc.).

Cette nouvelle idéologie amène chaque personne à chercher dans ses ressources personnelles (identitaires, psychologiques, culturelles) des modes de substitution à cet ancien récit.

LA DOMINATION DU CULTUREL

Depuis plus d'un siècle, la majorité des travaux en sciences sociales qui s'intéressent aux classes sociales traitent de la lutte des classes, des combats syndicaux ou encore des logiques de distinction sociale. Par exemple, le sociologue français Pierre Bourdieu[2] développe la notion d'*habitus* qui désigne une manière d'être, une allure générale, une tenue, une disposition d'esprit. Il amène l'idée selon laquelle les goûts sont des constructions sociales :

1. Voir, dans la deuxième partie de ce livre, le chapitre intitulé « Le bonheur de l'enfant gâté ».
2. Pierre Bourdieu, *La Distinction. Critique sociale du jugement* (1979), Paris, Minuit, 2016.

un cadre, un ouvrier ou un rentier n'écouteraient pas la même musique et n'apprécieraient pas la même gastronomie.

Suivant cette logique, les nouveaux sauvages devraient s'illustrer à travers des goûts sensiblement différents du reste de la population. Or dans les faits, ils défendent des valeurs qui sont communes aux préoccupations du reste de la société. Plus spécifiquement, ils proposent différents univers culturels au sein desquels la consommation responsable est centrale, mais va s'exprimer de manière différente, car la pensée magique de l'énergie ne sera pas mobilisée de la même manière. Les univers culturels imposés par les nouveaux sauvages au reste de la population permettent à chaque personne de se construire un registre culturel unique[1] où les valeurs, le style de vie, l'expérience subjective et les goûts culturels vont, certes, rendre compte d'un certain nombre d'inégalités sociales, mais permettront d'aboutir à un modèle homogène et cohérent : c'est-à-dire à l'instauration d'une culture légitime de la socio-éco-responsabilité.

L'*habitus* et les classes sociales ne suffisent plus à expliquer à eux seuls les logiques de construction du goût, dans un contexte où le culturel semble prendre de plus en plus de place. Notre société est en train de s'installer dans un racisme culturel. Pour l'anthropologue français Jean-Loup

1. Bernard Lahire, *La Culture des individu. Dissonances culturelles et distinction de soi*, Paris, La Découverte, 2016.

Amselle, la transmutation des luttes sociales en luttes culturelles a eu pour effet de produire « des entailles verticales au sein du corps social » en lieu et place des solidarités de classes[1].

La culture devient l'élément central des identités individuelles, comme collectives. Elle permet l'émergence de nouvelles figures sociales. Ces figures sociales permettent d'incarner la réalité des pratiques quotidiennes de la population et même de donner un sens à la nouvelle culture légitime. Pour mieux comprendre ce phénomène, faisons un pas de côté et intéressons-nous au mouvement des gilets jaunes. Bien que représentatif d'un groupe social différent de celui des nouveaux sauvages, c'est un bon exemple du rôle d'une figure sociale dans la compréhension des enjeux sociaux pour une population donnée, et ce, à un moment précis : un événement sociétal – augmentation du prix des carburants automobiles issue de la hausse de la taxe intérieure de consommation sur les produits énergétiques (TICPE) – va donner lieu à une dynamique sociale (mouvement des gilets jaunes). Ce mouvement va ériger ses représentants en figures sociales (le gilet jaune) par l'intermédiaire des médias et de l'opinion publique. Cette figure sociale devient ensuite un médium qui permet d'expliquer les tensions sociétales, mais également la position dans la hiérarchie sociale des individus (« lui, c'est un gilet jaune »).

---

1. Jean-Loup Amselle, *L'Ethnicisation de la France*, Paris, Lignes, 2011.

PROCESSUS D'ETHNICISATION MULTIPLE DU COLLECTIF

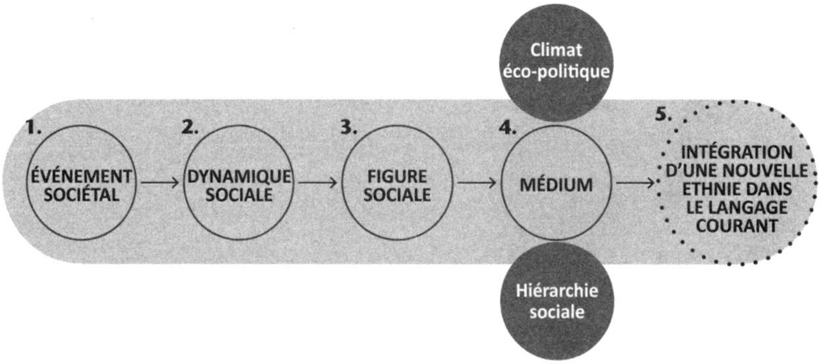

Ce processus va conduire à l'intégration de cette nouvelle expression dans le langage courant et participer à une ethnicisation multiple du collectif : autrement dit, les classes sociales s'effacent provisoirement au profit d'appartenances socio-culturelles transversales, renommées ethnies (ici dans une conception anthropologique, qui se différencie d'une conception religieuse et/ou liée à un lieu de naissance), chacune porteuse d'un récit collectif. Une ethnie représente une communauté de personnes au sein de laquelle ses membres ont des comportements similaires et distinctifs du reste de la société. L'ethnie est beaucoup plus mobilisatrice que la classe sociale parce qu'elle peut regrouper des effectifs humains sur la base de la fiction d'une origine commune. Dès lors, l'ethnie devient un instrument majeur pour segmenter le corps social ou le marché, permettant ainsi, d'après Jean-Loup Amselle, de « pénétrer plus finement les interstices du social, en particulier dans les pays riches[1] ».

---

1. *Ibid.*

Cependant, les univers culturels des sous-groupes qui sont constitués par l'élite, c'est-à-dire par les nouveaux sauvages, n'obéissent pas au poids de la permanence et de la tradition. Chaque ethnie est le produit de choix d'identification individuels agrégés au sein de collectifs *ad hoc* et temporaires.

Cette corrélation entre hégémonie culturelle et stratification sociale traduit une lecture possible de la réalité à travers les connexions entre ethnicisation de la société et néo-libéralisme capitaliste, à travers notamment la congruence entre la moralisation du capitalisme et l'idéalisation des valeurs progressistes comme facteur d'individualisation. Comme l'explique Jean-Loup Amselle : « il est devenu beaucoup plus chic pour les couches ethno-éco-bobo, ainsi que pour leurs représentants médiatiques, de promouvoir les identités culturelles et de genre que de continuer à accorder une quelconque attention à la "matérielle" comme l'on disait autrefois[1] ».

Les figures sociales qui émergent de l'élite formée par les nouveaux sauvages ont pour fonction de traduire et de nommer, dans l'opinion publique, une nouvelle réalité ou des réalités préexistantes, mais non distinguées en tant que telles par la société ; et ceci par ethnies. La plupart du temps ces figures sociales sont des néologismes. Un néologisme (néo, nouveau ; logos, parole, discours) représente l'intégration d'un mot nouveau dans une langue. Certains néologismes voient le

---

1. *Ibid.*

jour sous la forme de mots-valises, c'est le cas par exemple pour le concept d'*adulescence* (contraction d'« adulte » et d'« adolescence ») qui désigne le prolongement de l'adolescence en dépit de l'entrée dans l'âge adulte.

Même si leur scientificité est parfois remise en cause, notamment quand ce sont des journalistes qui en sont à l'origine, les néologismes permettent une lecture culturelle du social à travers les mots que choisit une société pour incarner le changement social, autant que pour nommer les personnes qui participent à impulser ces évolutions. Ainsi, un néologisme représente une manière de caractériser un imaginaire collectif, qui prend ses racines dans la vie quotidienne des membres d'une communauté ou d'une société.

UNE ORIGINE COMMUNE...

Je considère ces ethnies comme des sous-cultures[1] verticales, initiées par les nouveaux sauvages et incarnées par des figures sociales spécifiques, dont les codes peuvent être interprétés de manières différentes en fonction de la position sociale d'une personne dans l'espace social.

Cette élite représente un bloc qui se compose de quatre ethnies dominantes. Chaque ethnie mobilise

1. Il s'agit d'une culture (revendiquée, cachée, souterraine) partagée par un groupe d'individus, se différenciant ainsi des cultures plus largement dominantes auxquelles ils appartiennent.

le conte merveilleux de la consommation responsable comme un levier de distinction sociale, et surtout de justification du bien-fondé du capitalisme responsable. En fonction des ethnies, les nouveaux sauvages investissent différemment la culture à travers les loisirs, la consommation et l'alimentation : certains font preuve d'éclectisme culturel et sont considérés comme des omnivores culturels, à l'inverse les autres sont considérés comme des univores culturels[1].

Ils n'occupent pas les mêmes métiers, ce qui induit une hiérarchie interne et une distribution de capitaux (économiques, sociaux, culturels) inégale ; non loin de rappeler l'homologie structurale du sociologue français Pierre Bourdieu[2]. Par exemple, l'élite qui se situe dans l'espace social supérieur gauche du schéma ci-contre fait preuve d'une plus grande cohérence entre valeurs et styles de vie, à l'inverse de l'élite située dans l'espace social supérieur droit.

Chaque ethnie impulse de manière descendante des valeurs, un style de vie, une expérience subjective du quotidien et des loisirs différents ; créant ainsi des bulles culturelles aux enjeux pluriels.

---

1. Guy Bellavance, Myrtille Valex et Michel Ratté, « Le goût des autres : une analyse des répertoires culturels de nouvelles élites omnivores », *Sociologie et sociétés*, 2004, vol. 36, n° 1.
2. Pierre Bourdieu, *La Distinction. Critique sociale du jugement*, *op. cit.*

LE PRINCIPE DES BULLES ET DES ETHNIES CULTURELLES

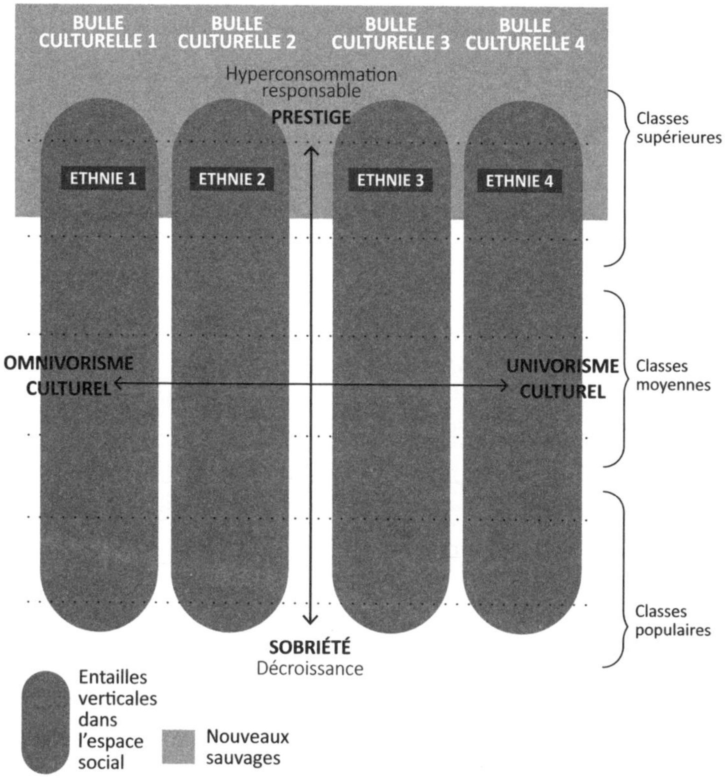

Bien que différentes, ces ethnies ont cependant une origine commune qui coïncide avec celle de l'émergence des préoccupations éco-responsables entamée avec le mouvement contre-culturel des années 1960-1970.

Un mouvement éphémère qui débute sur la côte ouest des États-Unis, et plus particulièrement à San Francisco. Il est associé à la drogue et à la musique rock, et fait de nombreux adeptes chez les jeunes. Porté par les hippies, un groupe d'individus qui prônait l'amour libre, la non-violence et la remise en question des valeurs matérialistes, ce mouvement est, dès son origine, sujet à contradictions. Même si les hippies se passionnent pour la spiritualité, ils assurent par la même occasion la promotion d'un hédonisme matérialiste. Il n'en demeure pas moins que les hippies et leur contre-culture ont bouleversé les sociétés occidentales dans la seconde moitié du XXe siècle. Leur héritage intellectuel est d'ailleurs loin d'avoir disparu de nos vies quotidiennes : la remise en cause des valeurs matérialistes est devenue *mainstream*, c'est-à-dire un phénomène de masse ; et la spiritualité est un bien qui se marchandise comme un autre. L'anthropologue français des religions Lionel Obadia a même consacré un ouvrage à ce sujet[1].

Au début des années 1990 et jusqu'en 2010, ces préoccupations étaient l'apanage d'un quart de la population des pays occidentaux qui ont été baptisés les créatifs culturels[2]. Les créatifs culturels sont les héritiers de divers mouvements : écologiques, antiracistes, militants de la contre-culture des années 1960-1970 et du *New Age*. Malgré une absence de conscience de classe (ils sont majoritairement issus des classes moyennes et des classes supérieures), c'est-à-dire qu'ils n'ont pas l'impression de faire partie d'un mouvement collectif, leurs

1. Lionel Obadia, *La Marchandisation de Dieu*, Paris, CNRS, 2013.
2. Paul H. Ray et Sherry Ruth Anderson, *L'Émergence des créatifs culturels. Enquête sur les acteurs d'un changement de société*, Gap, Yves Michel, 2001.

centres d'intérêt convergent autour de plusieurs axes : valeurs féminines, c'est-à-dire le développement personnel et la psycho-spiritualité[1] ; écologie (alimentation bio, méthodes naturelles de santé, médecines douces) et implication personnelle dans la société (activisme, idéalisme, engagement solidaire).

À mesure que l'opinion publique se fait l'écho de l'urgence des enjeux liés à la transition éco-environnementale, l'idéologie des créatifs culturels s'est diffusée au reste de la population : les nouveaux sauvages se sont approprié leurs pratiques et leurs représentations afin de conserver une position dominante dans la société ; contraignant le reste de la société à suivre leurs nouveaux dogmes.

L'héritage culturel contestataire porté par le mouvement contre-culturel des années 1960-1970, n'est aujourd'hui plus qu'un vieux souvenir : le subversif et l'imaginaire portés par ces mouvements du passé fait vendre. Pour paraphraser les philosophes nord-américains Joseph Heath et Andrew Potter, la révolte a été consommée[2]. Si l'on en croit

1. Aujourd'hui, je trouve que le terme de « valeurs féminines » prête à sourire et n'est pas adapté à notre société. Il participe à construire une vision stéréotypée du féminin : douceur, sensibilité, etc. ; une vision qui ne correspond en rien à la réalité. Dans le cadre de mes études, j'ai donc préféré opter pour un terme plus adéquat : celui d'équité des genres. J'ai également fait le choix de considérer le développement personnel et la psycho-spiritualité comme des catégories à part entière, en raison de la place importante de ces notions au sein des préoccupations de ma population d'étude.
2. Joseph Heath et Andrew Potter, *Révolte consommée. Le mythe de la contre-culture*, Paris, L'Échappée, 2020.

le sociologue britannique Dick Hebdige, c'est un phénomène de récupération culturel normal, que lui a étudié au sujet de la sous-culture punk. Dick Hebdige explique que la banalisation du potentiel subversif des sous-cultures vient du fait que les innovations portées par ces sous-cultures sont, par exemple, rapidement et directement recyclées dans le système de la haute couture et du prêt-à-porter[1]. Comme nous le verrons dans la deuxième partie de cet ouvrage, concernant les dogmes de l'idéologie du capitalisme responsable, c'est l'ensemble des marchandises liées au culturel qui est concerné par cette récupération.

… MAIS DES DESTINS CULTURELS DIFFÉRENTS !

En 2022, les ethnies de l'élite incarnée par les nouveaux sauvages se nomment l'ethnie *bobo*, l'ethnie *normcore*, l'ethnie *boubour* et l'ethnie *hipster*. Elles témoignent de destins culturels différents, malgré l'unité des dogmes prônés par les dogmes du capitalisme responsable.

L'identification de ces sous-cultures ainsi que des bulles culturelles qui leur sont associées, à savoir la quête de résonance, le futur nostalgique, le conservateur de l'authentique et le créatif paradoxal, est essentielle à la compréhension de l'idéologie du capitalisme responsable.

1. Dick Hebdige, *Sous-culture. Le sens du style*, *op. cit.*

LES BULLES ET LES ETHNIES CULTURELLES DE LA CULTURE DE LA SOCIO-ÉCO-RESPONSABILITÉ

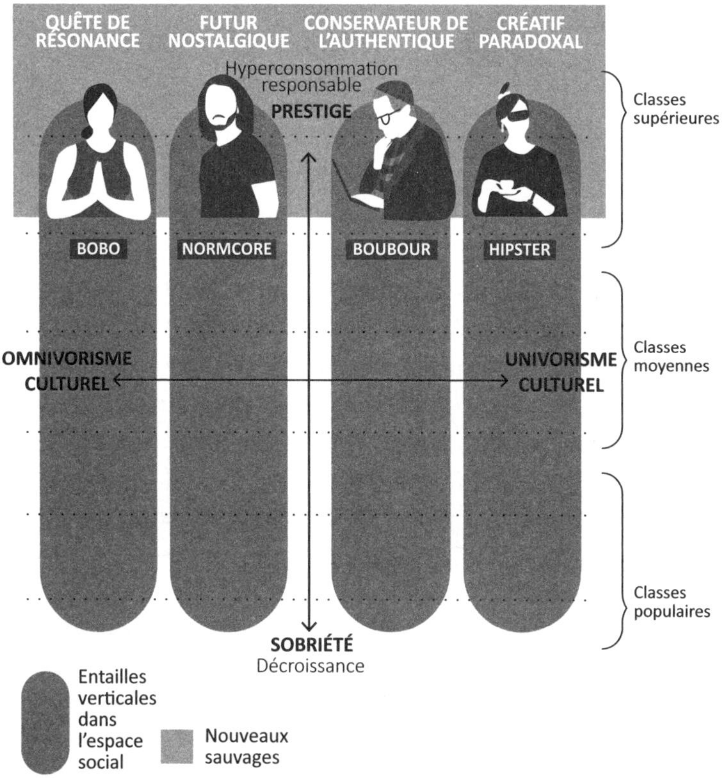

L'ethnie *bobo* en quête de résonance

La première bulle culturelle, que j'appelle « quête de résonance » des nouveaux sauvages, est celle de l'ethnie *bobo*. Elle inclut des nouveaux sauvages qui sont en quête de sens, c'est-à-dire qu'ils éprouvent le besoin de mieux se connaître et de mieux comprendre le monde qui les entoure afin de faire des choix de vie éclairés, notamment à travers leurs choix de consommation. Ils vont allier à une dimension pragmatique de leur quotidien des justifications plus alternatives, notamment liées à la psycho-spiritualité.

Le concept de *bobo* (contraction de « bourgeois » et de « bohème ») décrit une catégorie d'individus aux contours socio-économiques flous et dont l'archétype est une personne urbaine, idéaliste, arrogante et sensible à l'écologie[1]. C'est le journaliste David Brooks qui est à l'origine de ce néologisme et qui s'est attelé en 2010 à décrire toutes les facettes du mode de vie de cette élite : consommation, travail, vie intellectuelle, plaisir, vie spirituelle et politique. Chaque volet de ce mode de vie est, d'après David Brooks, l'illustration de la synthèse réussie entre richesse et valeurs de la contre-culture.

Au sein de cette ethnie, les nouveaux sauvages n'hésitent pas à culpabiliser les personnes afin d'amener un hyper-contrôle des pratiques socio-éco-responsables : trier ses déchets, limiter la consommation de protéines animales, acheter bio-local-de saison, valoriser les petits producteurs, etc. Ils valorisent une bien-pensance progressiste qui sous couvert de bonnes intentions amène son lot de dérives parmi lesquelles :

- La charge écologique : injonction sociale à être quelqu'un de bien à travers ses choix de consommation, malgré les contraintes de

1. David Brooks, *Bobos in paradise: The new upper class and how they got there*, New York, Simon and Schuster, 2010.

compétences (temps d'apprentissage important de nouveaux savoir-faire[1]), de temps ou de budget. Par exemple, faire soi-même ses produits ménagers pour limiter les déchets plastiques et l'utilisation de produits polluants est une pratique responsable valorisée qui n'est pas à la portée de tous. Cette pratique peut être perçue comme complexe car elle nécessite d'acheter de nouveaux objets (contenants, vinaigre blanc, bicarbonate de soude, acide citrique, etc.), de trouver les informations nécessaires (lieux d'achat, liste des ingrédients, techniques de fabrication) et de changer ses routines domestiques.

– L'illusion écologique (ou illusion de l'empreinte écologique négative[2]) : il s'agit d'un concept développé par les psychologues belges Karen Gorissen et Bert Weijters. Il désigne un biais cognitif par lequel vous pensez consommer un produit écologique car certaines de ses composantes le sont, et puisque ce sont celles-ci que les marques valorisent dans leurs campagnes de communication, vous y allez les yeux fermés. Alors qu'en réalité la somme des composantes du produit que vous achetez le rend peut-être aussi voire plus toxique que celui que vous achetiez auparavant. Par exemple, la brosse à dents en bambou n'est pas si écologique qu'il n'y paraît : le bambou se dégrade

1. Ademe, « La vente en vrac : pratiques & perspectives », 2012.
2. https://doi.org/10.1016/j.jenvp.2015.11.009

difficilement, la tête et les poils ne sont pas compostables et surtout l'espèce de bambou utilisée pour les brosses ne provient pas de France, mais d'Asie. Le bambou a donc voyagé de l'autre bout de la Terre pour deux ou trois mois d'utilisation.

– Le crédit moral : une bonne action permet de justifier des écarts sur d'autres postes de consommation, comme prendre l'avion parce que l'on trie ses déchets.

– La théorie des animaux mignons : mise en place d'un nouveau système de règles et d'interdits alimentaires qui permet de justifier la poursuite de la consommation de viande pour les personnes qui souhaitent la diminuer – privilégier la consommation d'animaux « moches » et « peu intelligents » (dindons, poulets), de ceux « qui ne ressentent pas la souffrance » (crevettes, coquillages, insectes), ou de ceux « qui sont éloignés de nous dans la chaîne de l'évolution » (poissons), par rapport aux animaux « mignons » (veaux, lapins) et « intelligents » (pieuvres, chevaux)[1].

Politiquement, ils prônent à travers leurs goûts culturels, comme la musique techno ou les fictions

1. J'ai pu identifier cette théorie à la suite de plusieurs études menées en anthropologie de la consommation sur le thème des pratiques et des représentations liées au flexitarisme, entre 2018 et 2020 pour le groupe Savencia.

mainstream, la diversité et l'inclusion, le vivre-ensemble et valorisent l'instant présent. Ils rêvent d'un monde meilleur, où la Terre serait un « village planétaire », formée d'une communauté hors-sol de déracinés où toutes les personnes vibreraient aux mêmes hymnes technos et apprendraient à ne faire qu'une grâce aux réflexions morales apprises au sein des fictions *mainstream*.

Ils excellent dans l'écoblanchiment (ou *greenwashing*), c'est-à-dire qu'ils vont faire en sorte, dans leur vie personnelle et professionnelle, de donner aux activités de l'oligarchie politico-économique une image responsable à l'égard de l'environnement, alors que la réalité des pratiques n'est pas (toujours) socio-éco-responsable.

L'ethnie *normcore* est déjà nostalgique du futur

La deuxième bulle culturelle, elle, je l'appelle « futur nostalgique » et il s'agit de celle de l'ethnie *normcore*. Elle concerne les nouveaux sauvages qui sont déjà nostalgiques du *monde d'après*. Ils perçoivent le présent comme incertain, ce qui ne leur permet pas de se projeter sereinement dans le futur.

Le concept de *normcore* (contraction des mots anglais « normal » et « hardcore ») fait à l'origine référence à un style vestimentaire qui se caractérise par la volonté de rendre chaque personne indistinguable de la norme, c'est-à-dire du plus grand nombre, par son style vestimentaire. C'est à l'agence de tendances new-yorkaise K-Hole que l'on doit ce concept, qui décrit la quête de la normalité de ceux qui questionnent l'individualité de nos sociétés occidentales.

Alors que les apparences laissent penser que l'ethnie *normcore* souhaite se détacher du matérialisme occidental et se fondre dans la masse, les nouveaux sauvages développent, eux, une tout autre stratégie. Ils donnent l'illusion de la simplicité à travers une esthétique du banal, comme ultime moyen de différenciation. Ils arborent des pièces de mode qui sont de faux basiques, c'est-à-dire que derrière l'apparente simplicité de leur look se cachent des marques de luxe ou une accessoirisation recherchée. Ils valorisent le dé-marketing comme dernière tendance de consommation.

Ce sont des faux rebelles, mais de vrais arrivistes : si l'éloge de la sobriété est tendance, ils se mettent en scène avec des styles de vie qui ressemblent à s'y méprendre à une composition picturale. Ils écoutent du rap sur France Inter et n'assument que trop peu ce qu'ils pensent vraiment : ils politisent leur vie quotidienne, mais ne veulent pas se l'avouer. Ils ont des égéries comme Lena Dunham, de la série *Girls*, ou Jerry Seinfeld. Ils revendiquent une appartenance à la culture *geek* et la mode des années 1980-1990.

L'ethnie *boubour* prône l'authenticité

La troisième bulle culturelle s'appelle « conservateur de l'authentique » et concerne l'ethnie *boubour*. Les nouveaux sauvages de cette ethnie sont en quête d'authenticité et valorisent même le vintage et le désuet. Ils prônent une esthétique du populaire pour mieux construire leur propre identité.

Le *boubour* (contradiction de « bourgeois » et de « bourrin ») peut être considéré comme le frère ennemi du *bobo*. Il incarne majoritairement un homme blanc cisgenre, issu des classes sociales supérieures et branchées. À l'origine de ce concept, Nicolas Chemla, un chasseur de tendances pour le luxe, qui est également diplômé d'anthropologie culturelle. D'après lui, le *boubour* se détourne des « trois piliers de l'utopie *bobo* : justice sociale, mixité et protection de l'environnement[1] ». Ceux que Nicolas Chemla s'amuse à appeler les « mâles » seraient le symbole d'une utopie à l'agonie, qui en quelques années s'est transformée en dystopie (gentrification, rétromanie obsessive et progressisme mou, voire hypocrite).

Mais attention, il ne faut pas percevoir les membres de l'ethnie *boubour* comme de simples réactionnaires ou des beaufs, pour reprendre les propos de Nicolas Chemla. Cette ethnie se construit en réaction à ce qu'elle considère comme un déploiement excessif du politiquement correct, des luttes antiracistes et féministes, de l'écologie, etc. Par exemple, certains intellectuels, comme le démographe français Emmanuel Todd, n'hésitent pas à dénoncer les luttes féminines actuelles. Emmanuel Todd les juge néfastes pour l'équilibre des classes populaires, comme il

---

1. Nicolas Chemla, *op. cit.*

l'explique dans son essai masculiniste et conservateur *Où en sont-elles ? Une esquisse de l'histoire des femmes*[1], publié en 2022.

Le *boubour* devient le symbole de l'absurdité de certains aspects de la socio-éco-responsabilité : la face caricaturale et radicale de la consommation responsable.

Les nouveaux sauvages de l'ethnie *boubour* valorisent une esthétique du sauvage, du lâcher-prise. Ils assument des goûts à contre courant de ceux de l'ethnie *bobo* ou *normcore* : ils sont plus traditionnels et conservateurs que les autres. Comme Nicolas Chemla l'illustre dans son ouvrage *Anthropologie du boubour* : ils écoutent Gims, roulent en SUV polluants et sont des viandards[2]. Avec eux, c'est un *monde d'avant* décomplexé qui ressurgit dans notre quotidien.

L'ethnie *hipster* et la créativité paradoxale

Enfin, la quatrième bulle culturelle est celle de la « créativité paradoxale » et concerne l'ethnie *hipster*. Ces nouveaux sauvages sont dans un excès d'eux-mêmes et de consommation. Ils s'érigent en propre stéréotype de leur quotidien. Ils s'affirment à travers une consommation ostentatoire, tout en prêchant la bonne parole, incitant les autres à adopter une consommation plus éthique et plus responsable.

---

1. Emmanuel Todd, *Où en sont-elles ? Une esquisse de l'histoire des femmes*, Paris, Le Seuil, 2022.
2. Nicolas Chemla, *op. cit.*

Hipster est un concept qui apparaît durant la première moitié du XXe siècle. L'essayiste américain Norman Mailer fut l'un des premiers à le théoriser[1]. *Hipster* vient du mot « hep » (« à la page ») et de son dérivé « hep cat » (« personne branchée »), un terme utilisé dans l'argot jazz à New York. À l'origine, un *hipster* est une personne perçue comme marginale et branchée. Elle est ouverte d'esprit et refuse le conformisme de plomb issu de la Seconde Guerre mondiale. En 2022, le terme désigne un jeune urbain qui affiche un style vestimentaire et des goûts empreints de second degré, prétendument à contre courant de la culture de masse[2].

Ils tentent de duper la population en se faisant passer pour des personnes indifférentes à l'avenir comme au passé. Ils seraient même libres car aucun contrat social ne lierait l'ethnie *hipster* au reste de la société, si ce n'est leurs propres intérêts. Mais il ne faut pas être dupe, ce discours s'apparente à une vaste supercherie et une démonstration de force de leur potentiel hypocrite. L'ethnie *hipster* se fait l'étendard d'un modèle de style de vie cosmopolite, vecteur paradoxal d'uniformité, dorénavant soumis à l'oligarchie politico-économique.

En réalité, l'ethnie *hipster* capte les revendications culturelles d'autres groupes sociaux et pratique ce qu'on appelle en anthropologie l'appropriation

---

1. Norman Mailer, *The White Negro: Superficial Reflections on the Hipster*, San Francisco, City Lights, 1957.
2. Dictionnaire Larousse.

culturelle. L'appropriation culturelle désigne un processus par lequel un groupe dominant s'empare des marqueurs culturels d'un groupe subalterne, le plus souvent sur un mode dépolitisé, détachant les signes appropriés du contexte social et politique qui les avait vus naître.

Au XXe siècle, un *hipster* était « un surréaliste tant dans son activité intérieure que dans son activité extérieure ; il est au courant des choses et, par conséquent, non conformiste. (...) Les poètes blancs de la Beat Generation ont emprunté l'attitude hipster aux Noirs américains. Ils ont adopté leur argot, leur comportement et la musique jazz. Tout ceci d'un point de vue surréaliste. La Beat Generation doit presque tout au surréalisme[1] ».

Rien n'a vraiment changé au XXIe siècle si l'on en croit l'article du politologue français Keivan Djavadzadeh qui interroge les stratégies d'appropriation culturelle de certaines pop stars américaines comme Miley Cyrus, perçues comme une source de profit créatif[2].

LES BOUCS ÉMISSAIRES DE LA SOCIÉTÉ

L'ethnicisation culturelle permet aux nouveaux sauvages de toucher l'ensemble de la population, et

1. Christophe Bourseiller et Olivier Penot-Lacassagne, *Contre-cultures !*, Paris, CNRS, 2013.
2. Keivan Djavadzadeh, « Les masques noirs des pop stars blanches », *Raisons politiques*, 2016, n° 2.

ce grâce à un large éventail de bulles culturelles qui synthétisent les principales aspirations sociétales. L'étude des bulles culturelles et des différentes ethnies des nouveaux sauvages permet également d'inclure une réflexion plus globale sur les différentes réalités sociales qui se cristallise autour de ces ethnies.

Par exemple, l'ethnie *bobo* est accusée de gentrification. Il s'agit d'un processus par lequel la population d'un quartier populaire fait place à une couche sociale plus aisée. D'après certains géographes, l'ethnie *bobo* serait responsable de l'éviction des classes populaires à l'extérieur des grandes métropoles occidentales[1]. D'autres géographes, comme l'Américain Richard Florida, considèrent à l'inverse la présence de cette ethnie comme une opportunité pour le dynamisme territorial d'un bassin d'activités, comme il a pu le développer dans ses travaux portant sur ceux qu'ils nomment la « classe créative » et qui répondent à des attributs socio-économiques similaires aux ethnies *bobo et hipster*[2].

L'ethnie *hipster*, elle, a été la victime d'une vague d'agressions physiques, notamment aux États-Unis. Ses membres sont fréquemment raillés dans la presse et il existe même une application, Punch a Hipster, qui permet virtuellement de tabasser un *hipster*. On leur reproche leur style vestimentaire,

1. Anne Clerval, *Paris sans le peuple. La gentrification de la capitale*, Paris, La Découverte, 2016.
2. Richard Florida, *The Rise of the Creative Class*, vol. 9, New York, Basic Books, 2002.

faussement cool, leur condescendance à l'égard des autres, et même leurs pratiques des affaires à travers leur soif d'enrichissement : certains préfèrent les considérer comme des *yuccies*, ou *young urban creative*, c'est-à-dire des jeunes actifs descendants des *yuppies*, eux-mêmes descendants des *hippies*, partagés entre l'envie de faire carrière et une soif de créativité.

L'ethnie *bobo* participe à la création d'une croyance collective à l'égard de ses membres qui, en définitive, semblent mal connus. C'est précisément la difficulté des individus à expliquer de manière objective les phénomènes de dynamique territoriale qu'engendre la gentrification qui induit cette mise sur le devant de la scène du stéréotype du *bobo*, correspondant bien dans les faits à certaines pratiques liées à un style de vie distinctif. Une réalité qui les stigmatise (manger bio, avoir un *tote bag* et arpenter les capitales occidentales en vélo à pignons), comme a pu le montrer le sociologue et linguiste américain Erving Goffman à travers le concept de bouffonisation[1]. Il s'est intéressé aux individus qui répondent à l'étiquetage du stigmate en le tournant en ridicule, ou en forçant le trait : il donne comme exemple de faire le « Nègre » dans les films américains, et se mettre à parler délibérément comme l'esclave noire de « m'am Scarlett » dans *Autant en emporte le vent*.

---

1. Erving Goffman et Alain Kihm, *Stigmate. Les usages sociaux des handicaps*, Paris, Minuit, 1975.

L'ethnie *hipster*, elle aussi, force le trait. Je me souviens d'une observation anthropologique que j'ai faite au sein d'un *barber shop* (échoppe de barbier) tenu par un *hipster*, dans un quartier gentrifié de Berlin en 2018. J'avais l'impression que le barbier s'était lui-même mis en scène dans un biotope stéréotypé. Il valorisait à outrance le style vestimentaire de son ethnie (barbe, lunettes, tatouage, bijoux, baskets, etc.), afin d'asseoir sa différence vis-à-vis du reste de la société, devenant même un idéal de mode à atteindre pour certains de ses clients.

Le sociologue français Gérard Mauger a décrit ce phénomène que j'ai pu observer à Berlin : il s'agit d'un renversement de stéréotype dévalorisant (ou stigmate), comme ce fut le cas avec le phénomène des loubards dans les années 1970[1]. Paradoxalement, quand le membre d'une ethnie *bobo* ou *hipster* opère un renversement du stéréotype dont il est victime en valeur positive, c'est-à-dire qu'il devient une caricature de lui-même, la figure sociale portée par l'ethnie qu'il représente se trouve détournée, vidée de son sens social initial. Le *bobo* ou le *hipster* devient un style de consommation presque comme un autre ; loin des valeurs et des centres d'intérêt défendus par les membres d'une ethnie. Leurs signes distinctifs deviennent des biens culturels à la mode, représentant autant de sources nouvelles de profit.

1. Gérard Mauger, « En quête de "respectabilité" », *Savoir/Agir*, 2020, n° 1.

Cette fonction sociale s'apparente à celle du bouc émissaire. Un bouc émissaire est une personne à qui l'on attribue injustement la responsabilité de tous les torts et de toutes les fautes. L'anthropologie étudie l'ensemble des stratégies d'expiation dont va user une communauté ou une société pour mettre à distance le mal afin de retrouver le calme et l'ordre social. En érigeant en bouc émissaire les ethnies *bobo* et *hipster*, la population croit éliminer le phénomène socio-culturel qu'elle dénonce – par exemple, celui de la gentrification.

En réalité, loin de retrouver une paix sociale, la population se détourne des motivations profondes qui animent les nouveaux sauvages : et c'est une aubaine pour eux. Les actions expiatrices sont localisées, quasi individualisées et permettent de contenir les éventuels soulèvements de la population à l'encontre des dogmes de l'ordre néo-aristocratique du *monde d'après*. En se focalisant sur la partie émergée de l'iceberg, c'est-à-dire sur certaines pratiques de consommation qui conduisent à l'évolution des styles vestimentaires ou de la morphologie urbaine, la population ne prête pas attention à ce qui se joue réellement : la mise en place d'une nouvelle culture de la socio-éco-responsabilité.

Cette culture conduit d'une part à assurer le maintien des privilèges des nouveaux sauvages et donc à légitimer leur position dans la hiérarchie sociale, et d'autre part à faire consentir la population à l'adoption de comportements socio-éco-responsables, c'est-à-dire en adéquation avec le capitalisme responsable. Le capitalisme responsable apparaît pour les plus cyniques comme un moindre mal pour faire face aux enjeux de notre époque, et comme la solution à tous nos maux pour les plus optimistes, ou les plus crédules.

Cette prouesse s'apparente à ce que le collectif à l'origine du manifeste Gouverner par le chaos[1] nomme de l'ingénierie sociale, car « de tout temps, le pouvoir a dû s'appuyer sur le mensonge et les boucs émissaires pour asseoir son emprise ».

---

1. Lucien Cerise, *Gouverner par le chaos. Ingénierie sociale et mondialisation*, Paris, Max Milo, 2010.

L'INGÉNIERIE SOCIALE DE LA CRÉATOCRATIE

L'ingénierie sociale est une discipline des sciences sociales qui vise à influencer des attitudes et des comportements sociaux particuliers à grande échelle, que ce soit par les gouvernements, les médias ou des groupes privés, afin de produire les caractéristiques souhaitées au sein d'une population donnée.

L'ingénierie sociale représente le moyen par lequel les nouveaux sauvages diffusent leurs dogmes à la population, mais également légitiment la culture de la socio-éco-responsabilité. En bons « ingénieurs culturels », les nouveaux sauvages mobilisent le chaos comme instrument de maintien de l'ordre. Ils créent un sentiment d'insécurité permanent qui conduit chaque personne à osciller entre une quête individuelle de mieux-être et une anxiété collective envers le futur ; afin de maintenir la population dans une illusion collective : c'est le capitalisme responsable qui sauvera le monde.

À cette fin, l'acceptation du capitalisme responsable comme voie la plus propice à la transition éco-environnementale s'installe dans l'inconscient collectif et s'incarne par l'intermédiaire de la culture de la socio-éco-responsabilité ; visant à contenir tout soulèvement insurrectionnel de nos consciences. Penser une société alternative ne devient que pur fantasme.

LA PEUR DE L'AVENIR, UN NOUVEAU MOTEUR DE L'INNOVATION

Le capitalisme responsable, à travers la culture socio-éco-responsable, ne nie pas la réalité, bien au contraire. Cette culture propose une cartographie du réel relativement sombre : urgence climatique, montée des extrêmes politiques, paupérisation d'une partie de la population mondiale, inégalité des minorités, etc. Simultanément, elle apporte des solutions qui semblent convenir à la population comme aux firmes :

– Pour la population : des nouveaux produits, services ou expériences de consommation qui doivent permettre de rendre le monde meilleur et même de le sauver, et à moindre effort.

– Pour les firmes : continuer à exister en s'adaptant aux nouvelles attentes des consommateurs et aux nouveaux enjeux socio-éco-responsables.

Pour les nouveaux sauvages, l'enjeu est de taille : ils doivent proposer un récit collectif alternatif à celui de la décroissance, même si le fait de réduire sa consommation, de manière volontaire ou imposée, semble la voie la plus logique pour parvenir à enrayer la crise éco-environnementale. Un récit qui doit être suffisamment séduisant pour qu'il permette de maintenir la population dans une dynamique de consommation : la surconsommation du siècle dernier doit se muer en hyperconsommation responsable.

On peut même comparer la période actuelle à celle des Trente Glorieuses du siècle passé qui, en consommation, correspond à une phase d'équipement des ménages. Comme avec le réfrigérateur, les firmes proposaient des produits, expliquaient comment les utiliser et les personnes les achetaient. En 2022, cette dynamique semble de nouveau d'actualité. Même équipées, les personnes n'hésitent pas à racheter des produits perçus comme plus responsables : acquérir une voiture électrique alors que l'on a une voiture thermique en état de marche, ou une gourde en verre alors que l'on a une gourde en plastique fonctionnelle.

Certaines ONG, associations ou structures dans l'ESS (Économie sociale et solidaire), elles, ne perçoivent pas toujours d'un très bon œil les initiatives entrepreneuriales des nouveaux sauvages. Ces derniers sont décrits comme des arrivistes qui font commerce de la crise socio-éco-environnementale. Mes recherches anthropologiques m'amènent à nuancer cette vision. Certes, l'éthique de certains nouveaux sauvages peut poser question : notamment chez ceux qui exercent au sein d'ONG ou d'associations, et qui, par exemple, n'hésitent pas à transposer les techniques des affaires à l'humanitaire ; ou chez ceux qui transforment des pratiques non marchandes en sources de profits.

Mais d'autres nouveaux sauvages, à l'inverse, même s'ils souhaitent faire du profit, permettent également de faire avancer les actions menées parfois depuis de nombreuses années par certaines organisations militantes (qui évoluent quant à elles suivant d'autres dogmes que ceux de la créatocratie). Je pense notamment à la start-up Poulehouse qui s'est lancée en 2017 sur le marché de l'œuf éthique, et sur laquelle je m'arrêterai plus en détail dans la suite de mon propos. Un choix entrepreneurial qui, au début du projet, n'a pas été du goût de l'association L 214 qui dénonce pourtant, comme Poulehouse, les conditions de vie des animaux en batterie, et notamment le sort réservé aux poussins mâles dans la filière des poules pondeuses : « Poulehouse marchait sur leurs plates-bandes », comme me l'a rapporté l'un de ses co-fondateurs.

Faire du commerce de l'éthique questionne la morale et les règles du jeu implicites qui sont établies entre les différents acteurs d'une société, c'est-à-dire entre les institutions, les militants (ONG, associations, ESS), les start-up et les firmes. Poulehouse a rebattu les cartes du jeu avec des campagnes publicitaires choc, notamment dans le métro parisien : actions militantes et opérations commerciales ne sont à présent plus antinomiques. Quoi qu'il en soit, en moins de cinq ans d'existence, les combats menés par Poulehouse ont permis de faire évoluer la législation : suite à un décret paru au Journal officiel, les couvoirs français ont jusqu'à fin 2022 pour faire évoluer leurs pratiques de manière à arrêter le broyage des poussins mâles.

En ce sens, il serait injuste d'accuser les nouveaux sauvages de tous les torts : ils ne sont pas responsables de l'éco-anxiété (ou solastalgie[1]) grandissante de la population. Il s'agit d'une forme de souffrance psycho-sociologique causée par les changements environnementaux. Les nouveaux sauvages tentent même, par l'intermédiaire du capitalisme responsable, de lutter contre la souffrance causée par la crise éco-environnementale. En revanche, ils n'hésitent pas à capitaliser sur la réalité pour innover et créer de nouvelles sources de profits.

Être une bonne personne

Les nouveaux sauvages diffusent massivement l'idée selon laquelle être une bonne personne nécessite d'avoir un style de vie socio-éco-responsable ; leur objectif est clair : faire adopter à la population une opinion et une conduite déterminées. Ne pas vouloir opter pour un style de vie socio-éco-responsable s'avère de plus en plus compliqué pour n'importe quelle personne qui participe à la

1. Néologisme construit sur l'anglais « solace », dérivé du latin *solacium* qui signifie « réconfort ».

vie sociale, économique et culturelle des sociétés occidentales en 2022. Que ce soit au bureau, en famille, sur les réseaux sociaux ou encore dans les médias, tout le monde parle des enjeux éthiques que portent les nouveaux sauvages, et des problématiques éco-environnementales qu'ils induisent.

Le constat semble unanime mais paradoxal : nous devons tous être responsables, suivant les valeurs édictées par la socio-éco-responsabilité, et cela, en raison de l'urgence éco-environnementale. L'urgence éco-environnementale n'est cependant pas la priorité en créatocratie. Elle se fait voler la vedette, notamment dans les médias et sur les réseaux sociaux, par d'autres sujets liés à des enjeux sociétaux : par exemple, la question de l'équité des genres fait beaucoup plus parler que les rapports du Giec !

Une des explications possibles est le niveau de proximité différencié que les personnes entretiennent avec les différents thèmes de la socio-éco-responsabilité. Les sujets liés à l'éthique, c'est-à-dire sociétaux, impactent directement le quotidien des gens (inégalité salariale, violence conjugale, mixité sociale, etc.) et intéressent donc plus la population. À l'inverse, les sujets liés à l'écologie semblent, de manière trompeuse, beaucoup plus éloignés (empreinte carbone, pollution atmosphérique, recyclabilité des produits du quotidien, etc.).

En pratique, les nouveaux sauvages mettent en place une propagande, savamment orchestrée, afin que rien ne change, et cela grâce au capitalisme responsable. La propagande n'est pas l'apanage des régimes autoritaires : elle est née dans les régimes démocratiques, et elle a longtemps été perçue de façon positive. D'ailleurs, depuis l'Antiquité, l'essor de la propagande est étroitement lié à celui de la participation politique : il s'agit d'obtenir l'adhésion du plus grand nombre à des valeurs, à des mythes politiques et à des idéologies[1].

L'une des stratégies les plus utilisées par les nouveaux sauvages pour faire adhérer la population à leurs idées est de se baser sur des faits réels, c'est-à-dire sur une « vérité factuelle ». En disant la « vérité », les nouveaux sauvages parviennent à convaincre la population que leur discours n'est pas de la propagande, et donc obtiennent sa confiance. La population devient par la même occasion plus vulnérable psycho-sociologiquement, car ils jouent sur sa culpabilité, et c'est pourquoi les nouveaux sauvages mobilisent l'émotion de la population afin d'annihiler tout esprit critique. Ils utilisent une méthode imparable, celle de la « sauvagerie socio-éco-responsable ».

La sauvagerie socio-éco-responsable consiste à créer en amont d'une pratique socio-éco-responsable de l'insécurité émotionnelle, afin de créer en aval une demande de sécurité pour y répondre par une offre éthique, c'est-à-dire rassurante car cohérente avec les dogmes du capitalisme responsable. Reprenons l'exemple de la start-up Poulehouse et de son

---

1. David Colon, *op. cit.*

slogan : « L'œuf qui ne tue pas la poule ». Les fondateurs de cette start-up correspondent aux caractéristiques des nouveaux sauvages : plus précisément, ils sont des « créateurs » médiatiques. Par l'intermédiaire de Poulehouse, ils ont mis en place une stratégie communicationnelle de culpabilisation de la population concernant sa consommation d'œufs.

Les nouveaux sauvages expliquent sur les réseaux sociaux, dans les médias et par des publicités *ecofriendly* à la population que chaque œuf consommé, même issu de l'agriculture biologique où les poules sont élevées en plein air, provient d'une industrie qui fonctionne sans respect du bien-être animal. Les poussins mâles sont broyés vivants à la naissance, et les poules sont envoyées à l'abattoir à 18 mois, dès lors qu'elles sont moins productives en termes de ponte.

En réaction à l'indignation de la population, et dans la lignée des actions choc menées par l'association L 214, les nouveaux sauvages proposent un mode de production d'œufs éthiques : sexage *in ovo* grâce à une invention technologique pour éviter le broyage des poussins mâles ; et mise en place d'une maison de retraite pour poules afin qu'elles puissent continuer de pondre, et ce, jusqu'à ce qu'elles meurent de vieillesse. La population est mise à profit grâce aux nombreux contributeurs du financement participatif qui a permis à la maison de retraite pour poules de voir le jour.

Même si le prix de « l'œuf qui ne tue pas la poule » est deux fois supérieur à celui d'un œuf bio de poule élevée en plein air, Poulehouse a connu une expansion remarquable dès sa création en 2017 jusqu'en 2021 : car elle propose une solution à un problème qu'elle a participé à rendre visible à la population. À première vue, tout semble aller pour le mieux dans le meilleur des mondes : les poules sont heureuses, la population se responsabilise et l'économie fonctionne. Cet exemple, certes anecdotique, s'inscrit cependant dans une constellation d'initiatives des nouveaux sauvages, qui ont recours aux mêmes ressorts émotionnels que Poulehouse.

En créant un marché de l'œuf éthique, Poulehouse permet d'accélérer certaines évolutions réglementaires nécessaires pour enrayer les dérives industrielles du siècle dernier (produire toujours plus à un coût toujours moindre). L'exemple de Poulehouse questionne cependant la pertinence du capitalisme responsable : est-ce aux firmes de mener la révolution socio-écologique du XXIe siècle ou doit-elle être menée par la population ?

Contrôler les imaginaires

La population, elle, se retrouve noyée sous un flot informationnel incessant, et n'a d'autres choix pour limiter son insécurité émotionnelle que de consommer des marchandises qui respectent les dogmes du capitalisme responsable. Cette propagande sociologique représente une forme de contrôle social contemporain : la dépolitisation des masses par la mise en place d'un type de société qui repose sur les caractéristiques de l'émotion (sentiment agréable, sentiment désagréable). Une propagande sociologique représente « l'ensemble des manifestations par lesquelles une société (...) tente d'intégrer en elle le maximum d'individus, d'unifier les comportements de ses membres selon un modèle, de diffuser son style de vie à l'extérieur d'elle-même et par là de s'imposer à d'autres groupes[1] ».

Au sein de cette typologie de régime de la propagande, les comportements individuels sont sanctionnés par le jugement collectif : il y a ceux qui sont dans la vérité et les autres qui sont dans l'erreur. Cette forme de contrôle social s'avère efficace auprès de la population, car il s'appuie à la fois sur des croyances sociales bien réelles, et sur d'autres, omniprésentes dans les œuvres fictionnelles.

La croyance principale se construit sur une conviction partagée : le modèle collaboratif va changer le monde, comme nous l'affirme le mouvement californien de la Silicon Valley[2] et, avant lui, celui de l'avènement d'Internet. Pour autant, les actuels entrepreneurs de la Tech n'ont plus grand-chose à voir avec ceux qui les ont précédés, c'est-à-dire les cybernéticiens utopistes des années 1950, les *hippies* des années 1960-1970 et les *yuppies* des décennies suivantes.

---

1. Jacques Ellul, *Histoire de la propagande*, Paris, Presses universitaires de France, 1967.
2. Monique Dagnaud, *Le Modèle californien. Comment l'esprit collaboratif change le monde*, Paris, Odile Jacob, 2016.

La croyance secondaire, elle, s'inscrit dans une approche égocentrée, mais potentiellement accessible à tous : la technologie permettra à chaque personne d'atteindre la transcendance, et ce grâce au *dataïsme*. Il s'agit d'un néologisme qui désigne une philosophie émergente, considérant le monde comme un flux de données. Le premier à avoir mobilisé ce terme est le journaliste américain David Brooks (connu pour avoir inventé le concept de *bobo*) au sein d'un article pour le *New York Times* en 2013[1] ; et le second est l'historien israélien Yuval Noah Harari qui, en 2016, dans son ouvrage *Homo deus*, considère la donnée (ou data) comme une valeur suprême. De ce fait, le *dataïsme* deviendrait une techno-religion et succéderait à l'humanisme[2].

L'alliance de ces deux croyances promet l'avènement d'un avenir radieux, pour l'humain comme pour la planète.

L'aubaine de la fin du monde

Ces croyances maintiennent la population dans une situation d'instabilité émotionnelle permanente. Il en résulte un tiraillement constant entre quête d'épanouissement personnel et aspirations collectives à vouloir sauver le monde. Ce phénomène contraint chaque personne à concilier en elle deux imaginaires antagonistes : l'un messianique,

1. https://www.nytimes.com/2013/02/05/opinion/brooks-the-philosophy-of-data.html
2. Yuval Noah Harari, *Homo deus. Une brève histoire du futur*, Paris, Albin Michel, 2017.

c'est-à-dire positif, à l'échelle individuelle ; et l'autre apocalyptique, c'est-à-dire négatif, à l'échelle collective.

Dans une société comme la nôtre, caractérisée par l'individualisme, chaque personne qui n'est pas dans une situation d'urgence absolue (psychologique, médicale, sociale, économique) croit en elle-même. Elle est optimiste quant à son parcours de vie et identifie des champs de satisfaction variés : se mettre au sport, développer un projet associatif, devenir entrepreneur, déménager, s'initier à la pâtisserie, etc. ; en somme, chaque personne se forge sa propre quête du bonheur, en accord avec ses potentialités et, le plus souvent, en cohérence avec les pratiques de réassurance prônées par les nouveaux sauvages. En ce sens, on peut considérer la tendance sociologique du *cocooning* comme le nouvel opium du peuple.

À l'échelle collective par contre, les imaginaires sont beaucoup plus sombres. Les nouveaux sauvages entretiennent la peur de l'enfer contemporain, pour reprendre l'expression du sociologue français des imaginaires Michel Maffesoli[1]. Ils appellent la population à se préparer à la fin du monde en appréhendant l'incertain de manière anxiogène. Pour cela, ils plébiscitent l'hyperréalisme d'un merveilleux sombre, celui de notre futur immédiat : troisième guerre mondiale, effondrement des démocraties, crise socio-environnementale, guerre

1. Michel Maffesoli, *op. cit.*

de l'espace, etc. Ces thématiques sont d'ailleurs celles que l'on me demande le plus fréquemment d'aborder lorsque j'interviens comme conférencière.

La fin du monde fait vendre, elle pousse à l'action. Si l'on en croit les nouveaux sauvages, le combo basket de la marque Veja (végane et éthique), pull en cachemire de la marque From future (éthique et transparente) et smartphone reconditionné (pour limiter son empreinte carbone) doit permettre à l'humain d'atteindre un stade supérieur de conscience, et ainsi d'offrir une seconde chance à l'humanité.

En ce sens, les nouveaux sauvages donnent un cap à suivre à la population grâce à des explications globales et simples des enjeux de la transition socio-éco-environnementale. Ils peuvent ainsi contrôler les conduites des individus en organisant les conditions de leur liberté d'action et en comptant sur leurs intérêts égoïstes pour qu'ils se conforment aux attentes de l'oligarchie. De ce fait, le discours porté par les nouveaux sauvages permet d'aligner, à son insu, les conduites individuelles de la population avec les objectifs sociopolitiques du pouvoir.

L'IDÉOLOGIE DU CAPITALISME RESPONSABLE

Les nouveaux sauvages doivent rendre désirable une potentielle involution civilisationnelle, c'est-à-dire une régression culturelle, par la population, et ce en mettant en place une réalité fantasmagorique où les frontières entre le vrai et le faux s'étiolent progressivement[1]. En prenant toujours plus de libertés avec le réel, les nouveaux sauvages ne diffusent pas seulement les dogmes de l'oligarchie politico-économique, ils font entrer la population dans une nouvelle réalité.

Cette réalité est celle de la culture socio-éco-responsable, qui circule par l'intermédiaire des bulles culturelles des nouveaux sauvages. Il s'agit d'une prophétie auto-réalisatrice, c'est-à-dire qu'à force d'agir en fonction d'une certaine image du réel, on en vient à façonner le réel selon cette image, laquelle construit dans son sillage une nébuleuse idéologique au sein de nos sociétés occidentales.

L'idéologie du capitalisme responsable, initiée par les nouveaux sauvages, repose sur une caractéristique majeure : l'abolition des frontières. Avec la créatocratie, les nouveaux sauvages considèrent leur territoire, c'est-à-dire notre planète, comme un « village global ». Loin d'être une utopie, la créatocratie signe l'affaiblissement progressif du contre-pouvoir ; car, s'il n'y a plus d'extériorité, on ne peut plus se comparer à l'autre. Dès lors, la remise en cause du système se fait de plus en plus rare, tout comme la présence de personnes qui portent, publiquement, une pensée contradictoire.

Dans le cadre de mes recherches anthropologiques, les piliers de la culture socio-éco-responsable que

---

1. David Colon, *op. cit.*

j'ai pu relever s'illustrent à travers deux catégories transversales : celles que j'ai appelées « fondations » et celles que j'ai appelées « mise en scène ».

Tout d'abord, la catégorie « fondations » représente les bases culturelles sur lesquelles se construit l'idéologie du capitalisme responsable. Il s'agit du *culte de la tradition*, du *refus du modernisme*, de la *volonté de ne rien remettre en cause*, notamment en *annihilant l'esprit critique*. Cette catégorie concerne également l'*ethnicisation du culturel*, l'*élitisme (faussement) populaire* porté par les nouveaux sauvages à travers leurs bulles culturelles ; mais également les stratégies de manipulation régressive qu'ils mettent en place, notamment à travers le *recours aux émotions*.

Ensuite, la catégorie « mise en scène » relève d'une intrusion plus profonde au sein de nos sociétés néo-libérales et capitalistes et sera l'objet de la deuxième partie de l'ouvrage. En effet, l'idéologie du capitalisme responsable, à travers le conte merveilleux de la consommation responsable, met en place une *fiction théâtrale du peuple* où chaque personne devient *le héros de sa propre quête*, aidée par la mise en place d'une *novlangue* spécifique. Une novlangue désigne un langage convenu et rigide destiné à dénaturer la réalité, comme je vais l'aborder, cette fois-ci, dans la troisième partie de cet ouvrage.

Enfin, ceux qui diffusent l'idéologie du capitalisme responsable tirent profit d'un contexte favorable à l'émergence d'une nébuleuse idéologique de la socio-éco-responsabilité : une *paupérisation (vécue et/ou perçue) des classes moyennes*, la valorisation d'*un combat perdu d'avance*, porté d'après moi par la contradiction sur laquelle se fonde l'éco-responsabilité (la consommation est à la fois la cause et la solution de la transition éco-environnementale), sans oublier la *diminution de nos libertés d'agir et de pensées* qui résulte des injonctions avec lesquelles la population doit composer au quotidien (remettre en cause le bien-fondé du progressisme paraît de plus en plus suspect).

Ces injonctions ne se limitent pas aux idéologies de la socio-éco-responsabilité, elles révèlent un mode de fonctionnement généralisé qui embrasse tous les combats du début de ce XXIe siècle : lutter contre le terrorisme, contre la pandémie de Covid-19 ou contre le réchauffement climatique. À ce sujet, l'anthropologue français Michel Maffesoli[1] explique que le conformisme limite l'émergence d'une pensée contradictoire, sous peine d'être assimilé à ceux que l'on nomme les adeptes du complot. L'historien français David Colon est plus nuancé à ce sujet mais met au jour les techniques de ce qu'il appelle « l'industrie du mensonge » : discréditer celui qui pense différemment, prétendre servir l'intérêt général, faire peur, etc.[2]

Le tableau ci-dessous reprend les catégories transversales que j'ai identifiées et leur expression au sein de l'idéologie du capitalisme responsable :

---

1. Michel Maffesoli, *op. cit.*
2. David Colon, *op. cit.*

FONDATIONS

Culte de la tradition	Le refus du modernisme	Ne rien remettre en cause	Annihiler l'esprit critique	Élitiste populaire	Sexualisation et régressivité	Ethnicisation
Pensée magique de l'énergie.	Refuser d'autres voies que celles du capitalisme pour sauver le monde.	Se cantonner à changer ses pratiques et maintenir le système.	Ne pas se poser de questions, si l'on ne veut pas être traité de complotiste.	Émergence d'une nouvelle élite, faussement populaire.	Jouer avec les émotions au détriment de la pensée rationnelle et culture de l'involution.	Fiction commune mobilisatrice : celle de sauver le monde pour les générations futures.

MISE EN SCÈNE

Chacun devient un héros, c'est une norme	Novlangue	Fiction théâtrale du peuple
La quête du héros-consommateur responsable.	Changer le sens des mots, amener la population à faire l'inverse de ce que dit l'élite.	Les nouveaux sauvages se font « l'écho » des aspirations du peuple, à travers les dogmes qu'ils imposent.

CONTEXTE

Se battre contre l'ennemi, un combat perdu d'avance	Lutter à tout prix et peur de la différence	L'appel aux classes moyennes frustrées
Nos désirs d'hyperconsommation doivent être réprimés pour le bien de tous, même si l'on fait souvent des écarts.	Accepter de renoncer à certaines de nos libertés pour l'avènement d'un nouvel âge d'or et polarisation de la société entre les progressistes et les populistes.	La réponse est dans la consommation : consommez moins, mais mieux ! Et cela sera bénéfique pour tout le monde.

Les caractéristiques que j'ai identifiées pour définir l'idéologie du capitalisme responsable se rapprochent des différents archétypes[1] identifiés par l'humaniste italien Umberto Eco concernant ce qu'il nomme le « fascisme *primitif* et *éternel*[2] ».

L'idéologie du capitalisme responsable semble ainsi représenter un terrain fertile à l'émergence d'une nouvelle ère en créatocratie : une ère de la soumission librement consentie, car perçue comme socio-éco-responsable.

* * *

1. D'après lui, quatorze archétypes sont nécessaires afin d'identifier au sein d'une doctrine la présence d'une nébuleuse fasciste au sein de cette dernière.
2. Umberto Eco, *Reconnaître le fascisme* (1995), Paris, Grasset, 2017.

À l'issue de cette première partie, la créatocratie existe dans notre quotidien. Elle dessine un pan des stratégies mises en place par l'oligarchie politico-économique pour diffuser à l'ensemble de la société les idées de la socio-éco-responsabilité.

À travers leurs bulles culturelles, les nouveaux sauvages proposent des styles de vie séduisants. Une séduction qui ne laisse personne indifférent et surtout pas eux : la plupart des nouveaux sauvages ont envie de croire aux dogmes qu'ils diffusent !

Au même titre qu'une partie importante de la population, beaucoup sont prêts à croire en la promesse du capitalisme responsable : changer le monde au prix du moindre effort, et par la consommation.

Ces croyants en un *monde d'après*, je les ai baptisés les enfants gâtés.

Partons, à présent, à leur découverte.

DEUXIÈME PARTIE

LA CULTURE DE L'INVENTIVITÉ

Créatique (ou *science de la créativité*[1]) : ensemble des techniques et des méthodes soutenant et développant la créativité[2].

L'humain créatique désigne une personne qui parvient à s'adapter aux changements techniques, sociaux et culturels imposés ou induits par la créatocratie, et diffusés par l'intermédiaire de la consommation responsable.

En créatocratie, l'influence d'une personne est directement liée à sa capacité à faire preuve d'inventivité. La créativité est même considérée comme une force énergétique qui permet la circulation des idées et la collaboration entre les personnes. Les idées qui émergent et qui se diffusent sont alors considérées comme des formes de vie désincarnées, elles aussi composées d'énergie.

---

1. Michel Demarest et Marc Druel, *La Créatique*, Paris, Le Courrier du livre, 1975.
2. https://www.larousse.fr/dictionnaires/francais/créatique/20300

LA MAGIE DE LA CRÉATIVITÉ

La pensée magique de l'énergie imprègne notre vie quotidienne : elle la rend possible à travers l'accomplissement de nombreuses tâches (se déplacer en voiture ou en transports en commun, téléphoner ou surfer sur Internet, équipement électroménager ou high-tech, etc.), mais elle façonne également nos représentations du monde et, comme nous l'avons vu, nos imaginaires du futur. En tant que paradigme anthropologique, l'énergie permet d'expliquer ce qui unit les personnes, les objets et la société.

La magie de l'énergie créative permet la mise en action de l'ensemble de la population des pays occidentaux. L'ordre politico-économique investit massivement dans le développement d'inventions socio-éco-responsables, les nouveaux sauvages participent à la diffusion de ses inventions afin qu'elles deviennent des innovations sociales. Le reste de la population de créatocratie, elle, s'approprie et intègre ces innovations dans son quotidien.

L'énergie créative conduit chaque personne à s'élever vers un nouveau stade de conscience socio-éco-responsable et instaure, par la même occasion, de nouvelles normes socio-culturelles. C'est du moins la conviction que je me suis forgée au fil des années, à mesure que j'ai étudié les différentes stratégies déployées par les principaux acteurs de la créatocratie afin de maintenir leurs positions dans le corps social.

EXTRA-ORDINAIRE RÉINVENTION DU BANAL

À travers certains objets de consommation ordinaire, l'énergie créative, portée par les nouveaux sauvages qui ont participé à imaginer ou à diffuser ces objets, va induire de nouveaux comportements auprès de la population, comme parler à un objet ou lui attribuer une âme.

C'est particulièrement frappant concernant l'usage des objets techniques et intelligents à domicile. Les chercheurs qui étudient la sociologie des objets soutiennent la conviction selon laquelle il serait possible de mieux comprendre les humains en étudiant les relations qu'ils tissent avec les objets, considérés comme des non-humains.

Les tâches les plus banales que nous réalisons chaque jour, comme répondre à nos e-mails lorsqu'on est dans le bus, discuter avec nos proches sur une messagerie instantanée, commander des livres sur Amazon, etc., sont assurées et rendues possibles par les non-humains : smartphone, ordinateur, télévision, enceinte, écouteurs, etc.

En ce sens, les non-humains peuvent aussi être considérés comme des êtres vivants : les objets vont prendre vie à travers l'usage que vont en faire les personnes. Les objets transmettent également une croyance. Ils peuvent être considérés comme des figurines qui renforcent implicitement les dogmes du capitalisme responsable.

L'animisme industriel

D'un point de vue anthropologique, la croyance selon laquelle un non-humain serait animé par un esprit, une force vitale, c'est-à-dire une énergie, s'appelle l'animisme. Au sein de nos sociétés occidentales, je préfère parler d'animisme industriel, c'est-à-dire de l'action d'attribuer des intentions aux objets techniques, suivant un double dynamique : les personnes parent les objets technologiques d'une âme ; et ceux-ci semblent, d'après la perception qu'en ont les personnes, s'émanciper de la main humaine.

Dans une société qui craint la fin de l'abondance, un renouveau des croyances magico-spirituelles se révèle nécessaire pour permettre aux populations de supporter leur vie quotidienne. En ce sens, la pensée magique de l'énergie permet de combler un sentiment de solitude, de désarroi, d'anxiété ou d'ennui dans une société en proie à l'incertain : crise climatique, précarisation de l'emploi, insécurité, pandémie, radicalisation politique, etc.

Pour le philosophe allemand Günther Anders, les humains ont pourtant bien du mal à adapter leurs dispositions mentales à la société qu'ils ont créée, et souffrent de ce décalage[1]. Ce décalage pousse les hommes à développer leur imagination et leurs émotions afin de les mettre en phase avec les formidables capacités de production contemporaines.

Avec l'animisme industriel, l'humain va, par exemple, surestimer la capacité de certains objets robotiques. C'est le cas notamment des aspirateurs robots. Dans une étude que j'ai réalisée à ce sujet en 2014, je me suis aperçue que certaines personnes qui disposaient de ce type d'objets imaginent, à tort, qu'ils réfléchissent lorsqu'ils s'arrêtent au milieu d'une pièce avant de changer de direction. D'ailleurs, il arrive fréquemment que l'aspirateur robot ait un prénom. J'ai même observé des enfants tenter de soulever l'objet pour savoir si c'était une fille ou un garçon !

Enchanter l'ordinaire

L'animisme industriel s'avère également être une solution aux contraintes psychologiques, sociales et environnementales de notre époque. Avec l'animisme industriel, c'est l'espoir de lutter contre la solitude d'une société de plus en plus individualiste, mais également de tendre vers un mode de

1. Günther Anders, *L'Obsolescence de l'homme. Sur l'âme à l'époque de la deuxième révolution industrielle* (1956), Paris, Éditions de l'Encyclopédie des nuisances, 2002.

vie plus vertueux : comme si digitaliser le quotidien le rendait moins polluant ; les études scientifiques tendent à montrer le contraire[1].

Par exemple, les métavers. Ce terme provient du roman *Snow Crash* (*Le Samouraï virtuel*), écrit par Neal Stephenson en 1992[2]. Les métavers sont des mondes numériques, virtuels, fictifs et immersifs, qui sont présentés comme des alternatives globales à la vie physique : ils sont perçus comme la solution à de nombreux maux de notre société (limiter les déplacements pour diminuer notre empreinte carbone, proposer une expérience digitale augmentée, diminuer les frontières entre vie physique et vie virtuelle, etc.) et diffusent une utopie – celle d'un nouvel eldorado de tous les possibles, pour les entreprises comme pour la population. Pour autant, les métavers ne peuvent, aujourd'hui, constituer une alternative durable à nos modes de vie actuels. La pollution, invisible car numérique, engendrée à la fois par les serveurs, mais également par la fabrication des objets technologiques nécessaires à leur utilisation[3] par la population, n'est pas écologiquement viable.

Autre exemple, les écrans et les contenus diffusés jouent un rôle de coprésence : ils remplissent l'espace sonore et permettent ainsi de réduire la sensation de solitude des individus. Cela se révèle

1. Fabrice Flipo, Michelle Dobré et Marion Michot, *op. cit.*
2. Neal Stephenson, *Le Samouraï virtuel* (1992), Paris, Le Livre de Poche, 2017.
3. Inès Leonarduzzi, *Réparer le futur. Du numérique à l'écologie*, Paris, Éditions de l'Observatoire, 2021.

d'autant plus vrai en contexte pandémique, où les interactions sociales sont limitées. La technologie agit alors comme une « béquille » sur laquelle se reposer en cas d'isolement social : laisser la télévision allumée, ou visionner sur un deuxième écran des contenus médiatiques, lorsque l'on effectue des tâches routinières du quotidien (tâches ménagères, cuisine, télétravail, etc.) ; elle nous permet de nous duper nous-mêmes.

Les écrans deviennent de « nouveaux organes », quasi vitaux, pour reprendre les propos de certains de mes enquêtés. C'est en particulier le cas pour le téléphone et les ordinateurs : on ne peut pas être séparé d'eux, sous peine de se sentir comme amputé d'un membre. Ils vont même jusqu'à remplir ou remplacer certaines fonctions humaines comme surveiller (l'écran devient une babysitter), ou éduquer (rendre les enfants autonomes en les formant, très tôt, à l'utilisation de la technologie).

L'énergie créative qui émerge de l'usage d'objets techniques à énergie électrique conduit la population à percevoir de manière positive la solitude (faire un brunch à distance entre amis, télétravailler en pyjama, privilégier un apéro Skype plutôt qu'une sortie en famille, etc.) et à réinventer les interactions sociales en s'appuyant sur les non-humains.

Faire société

Les humains sont des êtres grégaires, c'est-à-dire qu'ils ont besoin de vivre ou d'appartenir à un groupe pour survivre, pour faire société. En créatocratie, les non-humains permettent également de maintenir les liens et les interactions sociales, de renforcer les valeurs culturelles et les formes d'expression, et d'apporter un soutien affectif aux personnes.

Par exemple, en produisant une coprésence virtuelle, les écrans rendent les communications de longue distance proches et réelles. Les objets non seulement matériels, mais également immatériels sont totémisés, comme me l'expliquait un enquêté en 2021 au sujet des séries télévisées : « Aujourd'hui, on s'échange des séries comme des cartes Pokémon ! » ; positionnant la technologie au cœur des nouvelles sociabilités culturelles.

D'ailleurs, la circulation des séries télévisées, mais également des codes d'accès pour se connecter aux plateformes culturelles numériques[1] – comme le met en scène la dernière campagne publicitaire de Canal+ à ce sujet où tout le monde veut les codes de Kad Merad – permet d'assurer différentes fonctions anthropologiques, suivant une logique similaire à celle identifiée par l'anthropologue polonais Bronisław Malinowski au sujet de la Kula.

En anthropologie, la Kula désigne un circuit traditionnel d'expéditions maritimes reliant sur de

1. Comme Netflix, Amazon Prime, Salto, OCS, MyCanal, etc.

très grandes distances les populations qui habitent dans l'est de la Papouasie-Nouvelle-Guinée. D'après l'anthropologue, la Kula est dotée de différentes fonctions essentielles dans les sociétés où elle est pratiquée. La Kula consiste à ritualiser l'échange d'objets, des bracelets et des colliers, entre des communautés vivant sur des archipels différents et éloignés géographiquement : les colliers circulent dans le sens des aiguilles d'une montre et les bracelets dans le sens inverse par rapport au cercle formé par les îles de l'aire Massim[1]. La transaction qui forme la partie essentielle de la Kula est un échange mi-cérémoniel mi-commercial qui est destiné à donner aux partenaires du prestige, donc un pouvoir social. La Kula constitue un système global d'échanges à la fois culturels, économiques et psychiques.

Comme l'illustre le tableau comparatif ci-contre[2], les fonctions essentielles de la Kula de Papouasie-Nouvelle-Guinée sont également présentes dans celle de la circulation des séries et des codes de connexion. Les systèmes circulatoires mis en place en créatocratie témoignent d'une logique d'échange cérémoniel au sein de la vie quotidienne de la population :

1. Îles situées à l'est de la Papouasie-Nouvelle-Guinée.
2. Ces résultats sont issus d'une étude anthropologique réalisée en France en 2021 et qui s'intitule : « Les créateurs de culture et l'entertainment ». Cette étude a été financée par le Groupe Canal et BETC Design.

La Kula de Papouasie-Nouvelle-Guinée...	La Kula de créatocratie...
... socialise les individus.	... assure une continuité de leurs relations sociales en période de confinement.
... maintient le lien social.	... maintient le lien social entre des individus qui ne peuvent plus se « rencontrer » comme avant.
... anime la vie quotidienne.	... permet de rythmer les routines quotidiennes et d'accéder aux loisirs, notamment en période de pandémie.
... répond au besoin organique d'institution.	... va rendre visibles les interactions et les liens entre les membres d'une même famille, les amis ou les collègues de travail. Cette circulation va permettre une continuité de la hiérarchie sociale.
... organise la vie économique.	... permet une circulation et une création de richesses à travers les abonnements, mais également à travers les systèmes compensatoires que les individus vont mettre en place (un code d'une plateforme contre un code d'une autre plateforme, un code contre un service, etc.) pour atteindre un équilibre socio-économique.
... met au second plan la notion de propriété.	... le prestige n'est pas dans la possession personnelle d'un code ou l'utilisation d'une plateforme, mais réside dans l'échange, puisque la générosité est signe de pouvoir, car créateur de liens sociaux.

Les plateformes culturelles numériques sont de bons analyseurs des enjeux socio-culturels de la créatocratie : elles servent de médiateurs entre l'univers social et l'univers symbolique de ceux qui les utilisent. Plus précisément, les plateformes culturelles numériques vont se positionner comme des assistants qui rendent plus fluides de nombreuses actions sociales, des forums virtuels culturels où l'on fait société, ou encore des médiums qui permettent d'assurer une continuité de la vie quotidienne et sociale.

Les plateformes culturelles numériques permettent également de diffuser des visions du monde et de style de vie : elles nous apprennent à faire collectivement l'expérience de la solitude, autour de valeurs communes qui sont celles du capitalisme responsable. Elles officient en tant qu'ordonnanceurs de nos relations avec les non-humains, en organisant le niveau de proxémie que les individus entretiennent avec les différents objets de leur quotidien afin de proposer une expérience culturelle où la technologie devient invisible.

Enfin, les plateformes culturelles numériques proposent une énergie créative qui rend collectivement acceptable le changement. Autrement dit, elles nous accompagnent dans l'apprentissage d'une nouvelle manière de faire société : de seul chez soi à seul mais ensemble, jusqu'à être ensemble dans le monde de demain.

ESPRIT COLLECTIF, ES-TU LÀ ?

Rendre collectivement acceptable le changement nécessite la diffusion de valeurs qui permettent de justifier le bien-fondé de la créatocratie et donc de rassembler une population autour d'un objectif commun, ici la permanence du capitalisme.

La notion de Mana désigne, en anthropologie, l'émanation de la puissance spirituelle du groupe et contribue à le rassembler. Le Mana est, selon l'anthropologue français Marcel Mauss, créateur de lien social. La force Mana permet de créer un « esprit collectif ». En créatocratie, le Mana va donner sens aux pratiques individuelles de consommation ou de créativité, suivant un principe fédérateur.

D'après les chercheurs français, spécialistes de la consommation, Dominique Desjeux et Olivier Badot, la consommation seraient le nouveau Mana : « la nouvelle force invisible qui organise le tout de la vie sociale avec ses dogmes et des croyances (le succès par le sport ou les réseaux sociaux), ses histoires saintes et ses mythes (de la publicité aux icônes du rap), ses nouveaux chamanes (du directeur marketing aux influenceurs), ses temples (de son artisan boulanger aux *factory shops*) et enfin ses rituels (soldes, ventes privées, black friday...)[1] ».

---

1. Max Poulain, *Spiritualité et consommation*, vol. 2., Londres, ISTE, 2021.

La force Mana[1] du capitalisme responsable ne peut se penser loin de l'invocation de la figure du génie tutélaire, c'est-à-dire d'une divinité qui assure une protection – comme un ange gardien – qui va être invoquée par les membres de la créatocratie (population, nouveaux sauvages, ordre).

L'objectivation de la force Mana nécessite, en créatocratie, de poser un triple regard sur la réalité :

1) identifier une croyance,

2) comprendre la structuration des rituels qui permettent d'organiser les personnes autour d'elle,

3) identifier les objets ou les personnes qui matérialisent cette croyance.

En tant qu'anthropologue, deux phénomènes sociaux me semblent être représentatifs de l'impact des nouveaux sauvages sur la vie quotidienne de la population, à travers la mobilisation du système de valeurs du capitalisme responsable : les fictions (à travers les séries télé notamment) et l'innovation.

---

1. « À la fois distinct et diffus, concret et abstrait, localisable et indéfinissable, la mana est d'abord une action d'un certain genre, c'est-à-dire l'action spirituelle à distance qui se produit entre des êtres sympathiques. C'est également une sorte d'éther, impondérable, communicable, et qui se répand de lui-même. Le mana est en outre un milieu, ou plus exactement, fonctionne dans un milieu qui est mana », *in* Pierre Bonte et Michel Izard, *Dictionnaire de l'ethnologie et de l'anthropologie*, Paris, Presses universitaires de France, 1992.

Le génie Fiction

Le premier phénomène social participant à forger le Mana de la créatocratie est celui des séries télévisées. La fiction permet de rendre « réels » les dogmes du capitalisme responsable.

L'étude réalisée en 2021 ne m'a pas seulement permis d'identifier les logiques de circulation des codes de connexion aux plateformes culturelles numériques, elle m'a également permis d'objectiver la fonction sociale et culturelle des séries télévisées et des films, à travers les messages qu'ils envoient aux spectateurs, et la manière dont ils sont réceptionnés par ces derniers. Je pense notamment aux séries « événements » comme *Game of Thrones* ou *Stranger Things*.

Dans ce cas précis, le fonctionnement Mana consiste en la mobilisation d'un « génie fiction » qui serait à la source d'une vision idéalisée du futur, en se basant sur les potentialités individuelles ; et provoquant, in fine, une pseudo-thérapie du quotidien. Le mode fétiche fait jouer à la figure de la fiction un « rôle d'anticorps face aux difficultés créées par la civilisation hypermoderne[1] » qui engendre une nécessité de réinventer à la fois les pratiques de consommation et nos modes de vie, mais également le sens conféré à notre quotidien et, plus largement, à la vie en société.

---

1. Éric Fouquier, « La France, ses produits et la pensée magique », *Revue française de gestion*, 2011, n° 9.

L'évocation de génies tutélaires – comme « la fiction permet de m'évader », « les contenus me permettent de mieux comprendre mon quotidien... », « les plateformes me permettent de voir le monde différemment... », etc. – semble relever d'une approche déductive partiellement rationnelle, occultant certains faits et s'appuyant sur des convictions, parfois stéréotypées : par exemple, le « génie fiction » permet d'occulter l'imprévisibilité d'un quotidien anxiogène, au profit d'une réalité à la fois lointaine mais également très proche de nous. Une mère de famille de 37 ans, vivant à Paris, me raconte ainsi : « avec la série *This is us*, je me suis posé des questions sur ma propre manière d'éduquer mes enfants. J'ai compris des trucs et je fais différemment ». Ainsi, l'évocation d'un génie tutélaire permet l'adhésion à un système de valeurs et de représentations, comme le Mana.

Les croyances portées par la fiction et leur traduction en pratiques de consommation vont constituer un système de valeurs, c'est-à-dire un esprit collectif. Cet esprit collectif s'incarne par exemple à travers les enseignements tirés grâce aux valeurs morales prônées par une « teen serie » qui vont donner une cohérence aux intuitions ou aux incompréhensions des individus. Le « génie fiction », lui, aurait la capacité de porter en lui un récit, une fable contemporaine permettant de donner une cohérence à la vie quotidienne et ainsi réduire les dissonances cognitives liées à la nouvelle gestion culturelle du risque avec laquelle les individus occidentaux doivent composer au sein de leur vie quotidienne.

La diffusion de cet esprit collectif va de pair avec certaines stratégies déployées par les producteurs de contenus et/ou par les plateformes culturelles numériques. Par exemple, la diffusion de programmes étrangers participe à construire (ou à déconstruire) certains stéréotypes, comme celui du mythe de la banlieue américaine, avec des séries américaines comme *Desperate Housewives* ou *Dexter*. Les univers de ces séries présentent non plus le modèle utopique de la banlieue américaine des décennies précédentes, mais un modèle dystopique. De ce fait, les producteurs interrogent indirectement la pertinence de ce mode de vie.

Les séries télévisées participent également à la diffusion d'un « soft power », c'est-à-dire d'un pouvoir de convaincre, de rallier des idées en douceur, qui diffère en fonction des pays de réalisation et de l'éthicisme des producteurs. Il s'agit de faire passer des idées par l'intermédiaire des programmes (vision américaine du monde, vision du monde plus ou moins progressiste, etc.).

Le génie Consommateur

Le deuxième phénomène social est celui des rites secondaires pratiqués au sein des entreprises ou des institutions, et dans lesquels il y a toujours des nouveaux sauvages qui sont présents : il s'agit d'événements collectifs d'innovation qui prônent une éthique créative comme moyen et comme fin pour la réussite d'un projet créatif. Ici le génie tutélaire est la figure du consommateur et la force

Mana s'incarne à travers ce que les nouveaux sauvages appellent la « pensée design » ou *design thinking*.

Imaginé outre-Atlantique dans les années 1950, le *design thinking* s'est imposé au cœur des pratiques d'innovation des entreprises au cours de la dernière décennie : « Le publicitaire américain Alex Osborn, en mettant au point la technique du brainstorming, sensibilise le monde de l'entreprise à la pensée créative[1]. » Avec le *design thinking*, le consommateur, ou le client destinataire de l'offre, devient l'élément central de la démarche d'innovation (« centrée-utilisateurs »). Le *design thinking*, considéré comme un système de pensées, s'appuie sur l'idée suivante : le modèle de croissance infinie sur lequel reposent nos modes de vie ne peut continuer à être viable que par l'intégration des besoins du consommateur final tout au long des processus de R&D.

Les démarches de *design thinking* se déroulent en plusieurs étapes, dont le nombre peut varier. Tous les nouveaux sauvages définissent cependant à l'identique cette démarche : pour eux, il s'agit d'un processus de co-créativité, le plus souvent collaboratif, et qui implique des retours de l'utilisateur final, c'est-à-dire qu'ils vont demander à des consommateurs ou à des clients de leur donner leurs avis par rapport à ce qu'ils ont imaginé.

---

1. https://www.lescahiersdelinnovation.com/qu-est-ce-que-le-design-thinking/

Pour avoir eu l'occasion d'observer ces rituels à plusieurs reprises, il semble effectivement que la structure du rite reste inchangée d'un rituel à un autre, même si des ajustements sont effectués par les personnes qui le pratiquent. Dans la grande majorité des cas, ces ajustements sont la conséquence de facteurs conjoncturels, comme le manque de temps ou de budget.

À chaque fois, il est question d'un groupe de collaborateurs, c'est-à-dire de personnes qui travaillent dans la même organisation mais pas dans les mêmes services, qui décident de réfléchir ensemble à un projet d'innovation. Cette réflexion commune est organisée sur un temps donné (d'une demi-journée à une semaine), dans un lieu adapté (grande salle de réunion, tiers lieux, fablab, etc.), et elle est modérée par une personne spécifique, qu'on appelle en créatocratie le facilitateur. Un facilitateur est une personne qui va permettre au groupe de collaborateurs d'identifier un problème et ensuite de le résoudre : il aide le collectif à avancer vers la solution, avec des outils et des méthodes spécifiques, comme « brainstormer[1] » et générer des idées sur des post-it, ou encore réaliser des « safaris client » dans le monde réel. Un « safari client » est un terme indigène pour décrire une méthode qui consiste à s'immerger, dans un magasin ou au domicile des consommateurs, de façon à percevoir, ressentir, tous les *stimuli* qui vont agir sur les émotions des personnes.

1. Il s'agit de participer à une réunion avec plusieurs individus ayant pour but de développer un grand nombre d'idées sur un thème précis.

Lors des rituels où j'étais présente, l'enjeu était d'imaginer des produits, des services ou des expériences qui puissent être compatibles avec les dogmes de consommation édictés par le capitalisme responsable : les collaborateurs doivent parvenir à combiner leurs enjeux de rentabilité avec les exigences de la consommation responsable. Pour y parvenir, ils se forgent une conviction : c'est « en partant des besoins des gens » qu'ils trouveront des solutions utiles, adaptées et surtout rentables.

La pensée magique est d'ordre désidérative, caractérisée par un ensemble de croyances et de prises de décisions influencées par ce qui est « plaisant d'imaginer » au lieu de faire appel à des preuves ou à la rationalité[1] : de manière triviale, les ingénieurs se persuadent qu'ils vont simplifier la vie des gens avec de nouvelles technologies dont personne n'a besoin, les marketeurs sont convaincus qu'ils font le Bien lorsqu'ils incitent les consommateurs à acheter des bananes sans la peau mais dans un emballage plastique, etc.

Les nouveaux sauvages doivent, eux aussi, se convaincre du bien-fondé du capitalisme et sont également en quête de sens professionnel. Les méthodologies du *design thinking* permettent, collectivement, de démontrer le bien-fondé des démarches d'innovation, malgré les injonctions

---

1. Derek Bolton, Pamela Dearsley, Richard Madronal-Luque *et al*, « Magical thinking in childhood and adolescence : Development and relation to obsessive compulsion », *British Journal of Developmental Psychology*, 2002, vol. 20, n° 4.

contradictoires de l'oligarchie politico-économique. Ainsi, le *design thinking* constitue une tentative de maîtrise de l'incertitude par la mise en place d'une nouvelle ritualité de l'innovation.

Le fonctionnement Mana consiste en la mobilisation d'un « génie consommateur[1] » qui serait à la source de la réussite d'un lancement de produit, de service ou d'expérience. Ici encore, le mode fétiche fait jouer à la figure du consommateur un rôle d'anticorps face aux difficultés créées par la civilisation hypermoderne[2] qui engendre une nécessité de réinventer les processus d'innovation, mais également certaines expertises. L'évocation de génies tutélaires tels que « le consommateur veut... », « le *design thinking* va nous permettre de... », « Grâce à ces 5 jours de *design sprint*[3]... », etc., semble relever d'une approche déductive partiellement rationnelle, occultant certains faits et s'appuyant, comme pour le phénomène des séries, sur des convictions parfois stéréotypées.

L'évocation d'un génie tutélaire et la force Mana auraient la capacité de porter en eux un récit, une fable contemporaine permettant de donner une cohérence aux démarches d'innovation grâce à la pensée magique de l'énergie. La perspective de la découverte d'une nouvelle source énergétique

1. Il peut s'agir également d'un « génie usager », d'un « génie utilisateur ». Dans cet article, le terme « génie consommateur » recouvre l'ensemble des variables existantes.
2. Éric Fouquier, *art. cit.*
3. Il s'agit d'une approche créatique proche de celle du *design thinking*.

produit un culte de l'innovation généralisée en créatocratie où les collaborateurs fondent tous leurs espoirs sur les potentialités de la « pensée design ». Elle serait la seule capable d'apporter des solutions pour continuer à proposer des offres désirables par la société.

LE BONHEUR DE L'ENFANT GÂTÉ

La créatocratie met en place un système politico-économique techno-féodal[1] au sein de nos sociétés occidentales : l'oligarchie s'associe aux nouveaux sauvages qui, eux, s'associent au reste de la population selon un système complexe d'obligations et de services.

En m'intéressant aux pratiques de consommation en créatocratie, je remarque que les oligarques, aidés par les nouveaux sauvages, font preuve de duplicité afin de maintenir la population, et notamment ceux que je nomme les enfants gâtés, dans une illusion du bien-fondé de la consommation éco-responsable. Grâce notamment à la publicité, ils entretiennent une ambiguïté entre les enjeux du capitalisme responsable et les répercussions des pratiques de consommation éco-responsable.

---

1. Cédric Durand, *Technoféodalisme. Critique de l'économie numérique*, Paris, La Découverte/Zones, 2020.

L'anthropologue français Dominique Desjeux explique que tout phénomène social peut s'analyser à plusieurs échelles d'observation (biologique, individuelle, micro-sociale, méso-sociale, macro-sociale)[1]. Lorsque l'on change d'échelle d'observation, on ne va pas voir la même chose, et ce que l'on voit à une échelle disparaît à une autre échelle, mais continue d'exister pour autant. La visualisation ci-dessous explique, pour chaque échelle d'observation mobilisée dans le cadre de cette recherche, la réalité observée :

LES ÉCHELLES D'OBSERVATION DE LA CULTURE DE LA SOCIO-ÉCO-RESPONSABILITÉ

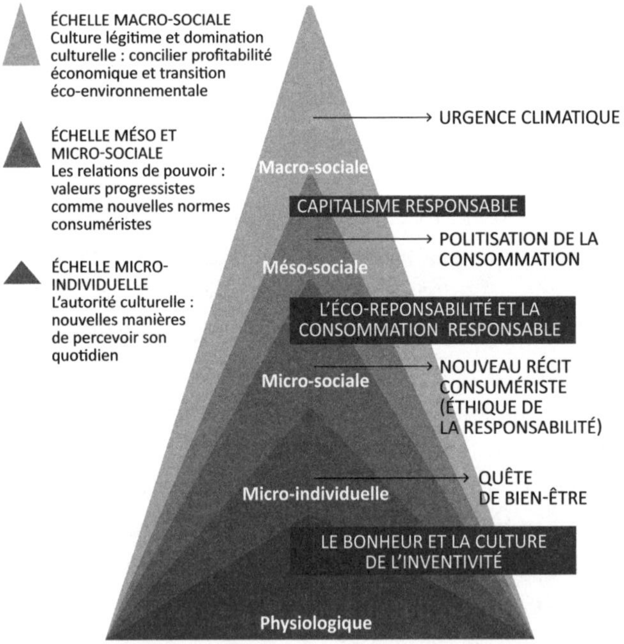

1. Dominique Desjeux, *op. cit.*

S'il est bien question de l'urgence climatique à l'échelle macro-sociale, ce qui justifie l'instauration d'une nouvelle culture légitime de la socio-éco-responsabilité qui repose sur le capitalisme responsable, à l'échelle méso et micro-sociale, les enjeux éco-environnementaux s'effacent au profit d'une éthique de la responsabilité qui s'appuie sur les valeurs progressistes prônées par la créatocratie.

Une confusion est alors entretenue entre les enjeux macro-sociologiques (capitalisme responsable) et les pratiques individuelles (bonheur, consommation éco-responsable) : la population porte son attention sur l'échelle micro et méso-sociale mais l'interprète à travers une grille de lecture macro-sociale.

LE BONHEUR SINON RIEN

La créatocratie, à travers la pensée magique de l'énergie, propose un nouveau projet de société : un monde dans lequel la technologie, la créativité et la tolérance seront les conditions *sine qua non* de l'élévation de l'humain vers un nouveau stade de conscience éco-responsable. Un projet de société séduisant où la force énergétique de la créativité permet de former l'esprit à une manière d'appréhender le monde, c'est-à-dire de développer des aptitudes créatives, plutôt que d'inculquer des connaissances ou de cultiver l'esprit critique. La créatique promet ainsi à chacun une meilleure adaptation aux changements techniques, sociaux et culturels actuels.

La culture de l'inventivité

Cette culture de l'inventivité se veut inclusive, car la créativité serait une aptitude humaine universelle[1] : l'espèce humaine a toujours dû inventer pour s'adapter et pour survivre à son environnement. En pratique, la pensée magique de l'énergie érige la pensée créative comme la forme d'intelligence humaine la plus valorisée et valorisante. Il s'agit d'une pensée dite divergente, liée à des facteurs psychiques de personnalité tels que la « fluidité-flexibilité » et « l'originalité » de comportement[2]. La divergence d'une pensée et l'appréciation positive du potentiel créatif d'une personne est contextuelle : elle dépend de la forme de pensée plébiscitée par une société à un moment donné et de ceux qui jugent de la capacité de cette personne à faire preuve de créativité. Elle est donc davantage élitiste qu'inclusive.

La force de l'énergie créative est étroitement liée à l'injonction au bonheur prônée au sein des sociétés occidentales où la psychologie positive et la spiritualité permettent d'enchanter le quotidien et de valoriser les échecs, car la créativité devient la clef du bonheur. Un bonheur accessible à chacun, du moment que l'on se donne la peine de réinventer sa vie, sa perception du monde. Avec la créatocratie, la créativité est un jeu hyper-responsabilisant de tous les instants : si une personne n'est pas heureuse ou ne suit pas les dogmes du capitalisme responsable, elle ne pourra s'en prendre qu'à elle-même.

---

1. Michel Demarest et Marc Druel, *op. cit.*
2. *Ibid.*

La créatocratie participe à une marchandisation du bonheur : le bien-être devient utilitaire. À ce sujet, la sociologue franco-israélienne Eva Illouz explique que les émotions constituent une marchandise idéale, à la fois intangibles et renouvelables à l'infini[1]. Ainsi, une personne qui dispose des caractéristiques relatives à la culture de l'inventivité sera heureuse de travailler, et donc productive. La quête du bonheur comme valeur suprême de la créatocratie permet de délégitimer les sentiments négatifs, qui deviennent honteux, comme la colère ou l'envie : deux sentiments éminemment politiques.

Eva Illouz identifie des fausses croyances du bonheur qui représentent, d'après moi, le système de valeurs sur lequel se fonde le capitalisme responsable :

> – Première fausse croyance : l'individu est plus fort que son environnement. Il lui suffit de changer son moi pour changer les conditions de sa vie.
>
> – Deuxième fausse croyance : la richesse et les inégalités sociales ne comptent pas. Ce qui est important, c'est la capacité d'être l'entrepreneur de sa propre psyché.
>
> – Troisième fausse croyance : c'est de notre faute si l'on réagit mal à l'échec.

---

1. Edgar Cabanas et Eva Illouz, *Happycratie. Comment l'industrie du bonheur a pris le contrôle de nos vies*, Paris, Premier Parallèle, 2018.

La créatocratie, comme les religions d'hier, propose une forme de pensée qui attache la population à une promesse. Une promesse qui donne de l'espoir et qui permet de rendre supportable la vie quotidienne.

Le capital responsable

Le récit collectif légitime la redéfinition des contours de la réussite : la méritocratie est supplantée par la créatocratie. Les aptitudes créatives que la créatocratie juge nécessaires à l'élévation de l'humain, les nouveaux sauvages les ont déjà acquises. Les compétences de la pensée créative sont partie intégrante de la culture légitime de la socio-éco-responsabilité qu'ils imposent au reste de la population.

La créatocratie valorise de nouveaux comportements individuels, dans l'intérêt du collectif. Ces comportements traduisent le niveau d'engagement d'une personne par rapport au capitalisme responsable. Plus précisément, ils permettent d'identifier la position sociale d'un individu ainsi que son niveau d'engagement envers le capitalisme responsable. Ce découpage de la réalité permet d'identifier les principaux idéal-types de « comportements responsables » : les émotionnels engagés, les éco-individualistes, les pragmatiques volontaires et les conservateurs indécis.

L'idéal-type est un outil sociologique développé par le sociologue allemand Max Weber[1]. Il permet

1. Serge Paugam, « Type idéal », *in* Serge Paugam (dir.), *Les 100 mots de la sociologie*, Paris, Presses universitaires de France, 2012.

de réaliser des catégories qui aident à comprendre ou à théoriser certains phénomènes, sans prétendre que les caractéristiques d'un idéal-type se retrouvent toujours et parfaitement dans les phénomènes observés.

LES IDÉAUX-TYPES DE LA CONSOMMATION RESPONSABLE

4 IDÉAUX-TYPES AVEC UNE ENTRÉE PAR STYLE DE VIE

Axiologie entre la sensibilité éco-environnementale et l'appétence à s'inscrire dans une démarche de changement de pratiques éthiques.

Ces quatre idéal-types vont avoir des niveaux d'engagement différents dans la consommation responsable (de « pas concerné » à « évangélisateur »). Par exemple, les personnes qui ont un niveau débutant vont avoir la conviction qu'elles doivent changer certaines pratiques de leur mode de vie et elles pensent que consommer moins ou différemment est une solution.

Pour les personnes que je qualifie d'évangélisateurs, consommer éco-responsable devient un acte politique. La consommation représente une idéologie et s'accompagne de dérives sectaires qui se diffusent notamment par le biais des réseaux sociaux. Le consommateur responsable évangélisateur aspire à « convertir » les autres à son mode de consommation.

Ces différents niveaux d'engagement vont se traduire par des typologies de pratiques spécifiques (acheter bio, local, valoriser le fait-maison, etc.). Ils permettent également d'identifier un nouveau type de capital, qui autorise une lecture plus pragmatique des enjeux et des freins qui entourent la consommation responsable.

Pierre Bourdieu distingue différentes formes de capitaux avec lesquelles chaque individu doit composer au quotidien. Les capitaux dont ils disposent varient d'un individu à l'autre en fonction de son âge, de son lieu de vie ou encore de sa catégorie sociale. L'ensemble de ces capitaux (économique, social, culturel) représente le capital symbolique de l'individu.

L'idée sous-jacente est que l'individu ne possède pas et n'hérite pas seulement d'un capital matériel, mais aussi d'autres éléments tout aussi importants dont il peut tirer des avantages matériels et symboliques. Ce capital symbolique détermine la position sociale des individus dans la société, il se traduit par le prestige, l'honneur ou la reconnaissance de l'individu. En ce sens, le « capital responsable » représente une sous-catégorie du capital symbolique d'un individu. Il permet d'objectiver les caractéristiques consuméristes de l'individu, c'est-à-dire ses pratiques (alimentation, mobilité, lieux d'approvisionnement, etc.), mais également ses représentations (politiques, religieuses, etc.).

Le capital responsable de chaque personne va s'exprimer à travers la valorisation de nouvelles formes de consommation qui traduisent un nouvel idéal de société à atteindre. Différentes stratégies sont possibles pour y parvenir : le faire soi-même, l'usage plutôt que la possession, la transparence et le troc. Elles vont ensuite elles-mêmes donner naissance à de nouvelles formes de services marchands, comme la tendance de la vente de produits en kit, la valorisation de la location pour de nouvelles catégories de produits (petit électroménager, mobilier, vêtements, etc.), l'apparition d'outils de *scoring* (Yuka, Moralscore) ou encore la mise en relation entre particuliers et/ou professionnels qui recouvre un ensemble de pratiques qui s'apparentent au mouvement de la plateformisation (ou ubérisation).

L'humain créatique

Le savoir-être et le savoir-faire des nouveaux sauvages deviennent un idéal à atteindre pour le reste de la population de la créatocratie. La figure de l'humain créatique renvoie à celle d'une nouvelle catégorie de personnes et s'articule autour de deux aptitudes principales : l'avant-gardisme et la marginalité sécante.

L'humain créatique doit avant tout être capable de faire preuve d'avant-gardisme. Le terme d'avant-garde désigne des personnes qui entreprennent des actions nouvelles ou expérimentales, en particulier dans les arts et la culture. J'affectionne tout particulièrement la définition qu'en donne le philosophe allemand Peter Sloterdijk, pour qui l'avant-gardisme est une compétence qui permet « de forcer tous les membres d'une société à adopter une décision sur une proposition qui n'émane pas d'elle-même[1] ».

Peter Sloterdijk décrit parfaitement la mécanique sociale mise en place en créatocratie par l'intermédiaire des nouveaux sauvages : amener les personnes à intégrer de nouveaux objets dans leur quotidien, à mettre en place de nouvelles pratiques, autant de nouvelles manières de faire qui induisent de nouvelles visions du monde. Ainsi, l'identification et la diffusion des idées d'avant-garde glanées auprès de la société permettent aux nouveaux sauvages de redéfinir les matrices culturelles de notre vie quotidienne.

---

1. Peter Sloterdijk, *Sphères 1. Bulles*, Paris, Pauvert, 2002.

Une matrice culturelle est un cadre de pensées qui va permettre d'ordonner les pratiques quotidiennes, grâce à un ensemble de significations symboliques. Les matrices culturelles sont multiples : elles évoluent et/ou s'adaptent en fonction du groupe social, de la société ou de l'époque ; elles peuvent être considérées comme des empreintes culturelles, à travers l'impact qu'un groupe social et, de manière plus générale, une société exercent sur un environnement culturel.

Concrètement, la matrice culturelle des nouveaux sauvages participe à redéfinir les contours de la consommation, mais également à hiérarchiser l'importance des différentes luttes contemporaines : le respect de la condition animale et/ou du vivant, l'alimentation durable, l'engagement sociétal et la justice sociale, l'égalité des genres, la conquête spatiale comme nouvel eldorado écologique. En fonction des idéal-types présentés, l'ordre d'importance accordé à ces luttes varie :

- les émotionnels engagés et les conservateurs indécis vont privilégier l'écologie, le respect de la condition animale et/ou du vivant, l'alimentation durable, l'équité des genres ;

- les éco-individualistes vont privilégier l'engagement sociétal et la conquête spatiale comme nouvel eldorado écologique ;

- les pragmatiques volontaires vont privilégier la justice sociale.

Simultanément, l'humain créatique se doit d'avoir un pied dans deux mondes différents, qui *a priori* ne communiquent pas entre eux : c'est ce que l'on appelle la marginalité sécante. D'après les sociologues Michel Crozier et Erhard Friedberg, le marginal sécant est « un acteur qui est partie prenante dans plusieurs systèmes d'action en relation les uns avec les autres et qui peut, de ce fait, jouer un rôle indispensable d'intermédiaire et d'interprète entre des logiques d'actions différentes, voire contradictoires[1] ».

Cette position d'entre-deux est propice à la culture de l'inventivité : elle amène chaque personne à sortir des sentiers battus, et permet le contrôle de zones d'incertitude[2]. Ces zones d'incertitude sont des sources d'influence, et donc de pouvoir et seront l'objet d'un chapitre spécifique dans la troisième partie de cet ouvrage. Être un marginal sécant n'est pas inné, c'est un construit social qui témoigne de la capacité d'une personne à se saisir des opportunités de l'un ou de l'autre monde pour accroître sa sphère d'influence dans les deux mondes.

L'humain créatique doit être capable d'investir des espaces de tension et de conflictualité créés par le capitalisme responsable et d'apporter une échappatoire à une voie en apparence sans issue. C'est le cas, par exemple, concernant l'angoisse de

---

1. Michel Crozier et Erhard Friedberg, *L'Acteur et le Système* (1977), Paris, Le Seuil, 2014.
2. *Ibid.*

devoir renoncer au confort malgré l'urgence éco-environnementale. Les nouveaux sauvages ont développé toute une batterie d'offres socio éco-responsables à destination de la population qui s'inspirent souvent de l'économie circulaire pratiquée par l'ESS, comme les labels, l'éco-conception, la recyclabilité, la réutilisation, etc. Ces offres permettent de rendre plus acceptable l'incertain de la situation éco-environnementale de notre planète, tout en amenant la population à faire différemment au quotidien.

La créatocratie par l'intermédiaire des bulles culturelles positionne chaque personne dans une dynamique positive d'inconfort. D'un côté, les nouveaux sauvages érigent la créativité comme un nouveau super-pouvoir qui permet, certes, de légitimer leur position dans le corps social, mais qui les contraint à se renouveler et à s'adapter sans cesse. Ils doivent être en permanence à l'avant-garde, grâce à leur marginalité sécante, afin qu'ils puissent conserver leur capital responsable. De l'autre côté, la population, elle, va avoir à sa disposition une constellation de solutions créatiques qui lui donne l'illusion qu'elle aussi dispose d'un capital responsable important, et surtout que, par ses choix de consommation, elle est maîtresse de son destin.

Chaque personne, quelles que soient ses motivations ou sa position dans la société, va être amenée à croire au bien-fondé de ses actions quotidiennes pour atteindre son objectif : être heureux tout en étant quelqu'un de bien aux yeux de la société.

Les nouveaux sauvages et la population se retrouvent alors face à la même figure de réussite sociale : l'humain créatique. Une nouvelle version de nous-mêmes aux aptitudes exceptionnelles, qui ne peut que parvenir à enrayer la crise éco-environnementale par la permanence du capitalisme. Une partie des nouveaux sauvages tombent même dans les pièges qu'ils ont eux-mêmes tendus à la population : les sirènes du capitalisme responsable deviennent irrésistibles à mesure que la pensée positive de la créatocratie pénètre les esprits.

LE CONTE MERVEILLEUX DES ENFANTS GÂTÉS

La culture de l'inventivité et la pensée positive promettent le bonheur à toute personne qui s'engage sur les voies de l'éco-responsabilité : à chaque pensée négative, une offre socio-éco-responsable existe pour effacer ce sentiment devenu honteux en créatocratie.

Parallèlement, la pensée magique de l'énergie créative entraîne une ludification (ou gamification) extrême de notre quotidien, de nos modes de vie occidentaux. La ludification utilise des mécanismes et leviers empruntés aux jeux dans un contexte qui en est dépourvu à l'origine. Par exemple, en créatocratie, la ludification va être mobilisée afin de rendre attrayant le fait de trier ses déchets, d'opter pour une consommation sans emballages avec un conditionnement des produits achetés en vrac, de privilégier les rencontres virtuelles avec sa famille plutôt qu'avec ses proches, etc.

Cette infantilisation de la vie quotidienne conduit chaque personne qui souhaite croire en la doxa du capitalisme responsable à se conduire comme un enfant gâté.

C'est donc de manière assez spontanée que je me suis mise à qualifier ces croyants du *monde d'après* d'enfants gâtés. D'un point de vue anthropologique, un enfant gâté est une personne qui a jugé nécessaire de changer son style de vie, notamment par ses choix alimentaires, ses loisirs et sa consommation. Il a un pouvoir d'achat suffisant pour ne pas être en situation de précarité, et donc disposer de ressources nécessaires (temps libre, sentiment de sécurité, ressources financières suffisantes, bien-être relatif, etc.) lui permettant de réfléchir à de nouvelles manières de consommer.

Un enfant gâté déclare être sensible, et avoir différents degrés d'engagement, envers les valeurs sociétales de la créatocratie ; il adhère également à une vision holistique et/ou systémique des enjeux socio-éco-environnementaux. Pour lui, consommer devient un acte éthique et un enjeu politique.

Un enfant gâté répond aux caractéristiques sociologiques des créatifs culturels[1] : il fait partie de

---

1. Voir, dans la première partie de ce livre, le chapitre intitulé « L'émergence d'ethnies culturelles ».

la classe moyenne ou de la classe supérieure ; et suivant la nomenclature socio-économique européenne (ESeG), il exerce soit une profession intermédiaire salariée, soit une profession intellectuelle et scientifique, ou bien il peut également être cadre dirigeant.

Si l'on se réfère aux études nord-américaines et européennes menées auprès des créatifs culturels depuis 1990[1], les enfants gâtés représenteraient un quart de la population des pays occidentaux, nouveaux sauvages inclus.

Qu'est-ce qu'un enfant gâté ?

Tout est parti de l'idée qu'on a tous dans notre entourage un enfant gâté. Il peut être le fils d'un voisin qui fait un caprice pour avoir une sucette, caprice auquel les parents ne sauront résister ; il peut être également un adolescent qui veut absolument la dernière paire de sneakers à la mode et qui va faire du chantage affectif à ses parents jusqu'à l'obtenir.

En conduisant mes séries d'entretiens sur les nouveaux us et coutumes de consommation, sur les valeurs qui semblent émerger dans nos sociétés « éveillées » et « éclairées » – même si, vous l'avez déjà compris, tout n'est pas si manichéen –, j'ai compris que les enfants et adolescents ne sont pas les seuls à avoir ce genre de comportement problématique. C'est pourquoi j'ai décidé, quand je parle d'enfants gâtés, d'élargir le spectre de définition à

1. Paul H. Ray et Sherry Ruth Anderson, *op. cit.*

un public beaucoup plus large, c'est-à-dire à toute personne qui ne souhaite pas renoncer aux avantages de son mode de vie et qui est prêt à toutes les compromissions pour y parvenir.

Les enfants gâtés du capitalisme responsable vivent dans un quotidien qu'ils perçoivent comme prospère malgré le contexte anxiogène : l'oligarchie politico-économique fait tout pour qu'ils se sentent heureux et, *in fine*, qu'ils adhèrent, et de leur plein gré, aux injonctions liées à la pensée de la socio-éco-responsabilité. Pour les enfants gâtés, la consommation est un acquis moderne, un contrat social qui n'est pas renégociable. Toute diminution de la consommation est perçue comme une régression qui n'est pas culturellement acceptable.

Comme le progressisme est présenté comme la seule voie possible pour les enfants gâtés, renoncer au confort de nos modes de vie ne devient que pure hérésie pour eux. Les enfants gâtés ne sont pas prêts à se détourner de la consommation, mais ils sont prêts à accepter sa réinvention : un compromis qui leur semble acceptable.

En considérant les pratiques de consommation comme un acquis socio-culturel, les enfants gâtés sont devenus très exigeants, voire capricieux :

1) Lorsque leur pouvoir d'achat baisse, ils sont à la recherche de solutions alternatives pour pouvoir continuer de consommer (promotion, incitations gouvernementales, nouveaux

circuits d'approvisionnement, redéfinition de la notion de propriété, etc.).

2) Lorsqu'ils prennent conscience que leur manière de consommer produit des répercussions socio-éco-responsables négatives sur les conditions de travailleurs de ceux qui participent à rendre possible leur mode de vie, qu'ils jugent le traitement réservé aux animaux destinés à être mangés barbare, ou encore que la consommation engendre une destruction de l'environnement, ils exigent de l'oligarchie qu'elle mette en place des mesures qui permettent la poursuite de la consommation, tout en limitant les répercussions négatives.

Ils minimisent par ailleurs un élément important : si l'avènement de la société de consommation a pu être possible au siècle dernier, c'est que tout a été mis en place pour produire beaucoup et à moindre coût. Ce mode de production n'est que peu compatible, du moins pour le moment, avec le respect de l'environnement et de la condition humaine ou animale. De manière tacite, les enfants gâtés acceptent donc que l'éco-responsabilité, et plus précisément la consommation responsable, soit une réponse intellectuelle aux maux de la société, et non une réponse soutenable moralement et écologiquement parlant.

En somme, si l'on en croit la définition du dictionnaire Larousse, un « enfant gâté » est un « enfant à qui l'on passe tous ses caprices ; personne favorisée par la fortune ou le sort et qui n'a pas connu les difficultés de la vie[1] ». Enfant gâté, au sein du langage courant, désigne donc de manière péjorative un enfant qui présente des problèmes de comportement à cause de la trop grande indulgence de ses parents et peut même être perçu comme égocentrique ou narcissique. En acceptant de consommer éco-responsable plutôt que d'être un décroissant, l'enfant gâté ne pense pas aux autres, aux animaux ou à la planète. Il pense avant tout à lui et à son bonheur, tel qu'il est défini par la créatocratie.

La figure de l'enfant gâté pourrait ainsi se résumer par la formule suivante : *l'insatisfaction des gens qui ont tout.* J'emprunte cette expression à la ligne de la défense dans le procès d'Ethan Couch, un jeune délinquant américain qui plaidait la « maladie de l'enfant gâté » pour échapper à vingt ans de réclusion criminelle pour avoir renversé et tué quatre personnes alors qu'il conduisait en état d'ivresse en juin 2013, à l'âge de 16 ans[2]. Stratégie gagnante car il échappe à la prison au profit d'un régime probatoire.

Les critiques du consumérisme parlent de l'*affluenza* pour décrire ce phénomène. Il s'agit d'un néologisme formé de la contraction des mots *affluence* (« richesse ») et *influenza* (« grippe »), qui décrit l'impossibilité pour les classes moyennes et supérieures de se contenter de ce qu'elles ont : elles en veulent toujours plus. Comme le philosophe australien Clive Hamilton et l'économiste

1. https://www.larousse.fr/dictionnaires/francais/être_gâté/36264
2. https://www.lemonde.fr/big-browser/article/2015/12/29/ethan-couch-le-delinquant-qui-plaidait-la-maladie-de-l-enfant-gate_5991680_4832693.html

australien Richard Denniss, auteurs de l'ouvrage de référence à ce sujet l'expliquent[1], la consommation ne rend pas forcément heureux.

La surconsommation, notamment, engendrerait l'apparition de troubles anxieux, créant une sorte de vide quand l'individu ne consomme pas. D'après eux, la surconsommation conduirait même les individus à définir leurs identités par rapport non seulement à leur pouvoir d'achat, mais également à leurs stratégies de consommation.

En Occident, les classes moyennes et supérieures se sont progressivement transformées en une armée d'enfants gâtés, mue par la nécessaire adaptation à leur milieu de vie, celui du capitalisme responsable : nous pouvons même tous nous considérer comme des enfants gâtés du supermarché.

Il serait donc réducteur de percevoir uniquement les enfants gâtés comme de simples consommateurs serviles, en proie aux stratégies politico-économiques retorses des oligarques et des nouveaux sauvages de la créatocratie. Eux aussi trouvent leur intérêt avec le capitalisme responsable : la consommation éco-responsable (ou responsable) permet de donner bonne conscience tout autant que de faire perdurer la société de l'hyperconsommation ; car même si les enfants gâtés aiment la critiquer à l'envi, ils ne sont pas prêts de s'en détacher pour autant.

---

1. Clive Hamilton et Richard Denniss, *Affluenza: When Too Much is Never Enough*, Crows Nest, Allen & Unwin, 2005.

Devenir le héros de sa propre quête

Je considère d'ailleurs la figure de l'enfant gâté comme l'icône de la consommation du capitalisme responsable. L'enfant gâté devient le héros de son propre quotidien. Les offres éco-responsables sont faites pour lui faciliter la vie et l'accompagner vers sa transition consumériste, devant le conduire à devenir une meilleure version de lui-même.

L'enfant gâté dispose même de ses propres histoires au sein desquelles il est mis en scène, afin de partager auprès du reste de la population ses enseignements éco-responsables. Chaque société dispose de contes et de fables qui, par l'intermédiaire de courts récits, vont porter des regards sur la réalité par le biais du merveilleux ou du fantastique. La créatocratie ne déroge pas à la règle. Elle dispose de son propre conte merveilleux où le héros n'est autre que l'enfant gâté.

Les changements de pratiques quotidiennes demandés à la population par la créatocratie s'apparentent à une quête, un voyage vers la responsabilité. Un processus initiatique qui vise à faire de chaque enfant gâté une personne aujourd'hui responsable qui deviendra, demain, un humain créatique.

Le voyage vers la responsabilité est compliqué, car il repose sur une contradiction : celle de continuer à consommer autant malgré l'injonction à consommer moins et mieux. Cette contradiction avec laquelle les personnes doivent composer s'apparente au phénomène de la « double contrainte » décrit par l'anthropologue américain Gregory Bateson[1] : consommer moins tout en consommant autant est impossible, ce qui provoque une dissonance cognitive est un écart entre un désir et l'impossibilité de le réaliser[2].

L'espérance d'y parvenir conduit les enfants gâtés à se tourner vers les entreprises qui exploitent la culpabilité comme un levier de communication. Par exemple, Coca-Cola mobilise les consommateurs pour atteindre ses objectifs de recyclage : « N'achète pas de Coca-Cola si tu ne nous aides pas à recycler ! » ; Daddy nous explique à présent que « le sucre est une plante » ; ou encore Interbev, l'interprofession du bétail et de la viande, qui reprend et détourne le mouvement flexitarien dans une publicité qui promeut la viande : « Naturellement flexitariens – Aimez la viande, mangez-en mieux ».

Pour mieux comprendre l'épopée de l'enfant gâté, intéressons-nous au concept du voyage du héros (*the hero's journey*) établi par le mythologue américain Joseph Campbell et décrit dans son ouvrage *Le Héros aux mille et un visages*[3], qui s'appuie sur les travaux du folkloriste russe Vladimir Propp, auteur de l'ouvrage de référence à ce sujet[4]. Il s'agit

---

1. Jean-Jacques Wittezaele (dir.), *La Double Contrainte. L'influence des paradoxes de Bateson en sciences humaines*, Paris, De Boeck Supérieur, 2008.
2. Leon Festinger, *A Theory of Cognitive Dissonance*, Redwood City, Stanford University Press, 1962.
3. Joseph Campbell et Henri Crès, *Le Héros aux mille et un visages*, Paris, Robert Laffont, 1977.
4. Vladimir Propp, Evgueni Mélétinski, Marguerite Derrida *et al.*, *Morphologie du conte*, suivi de : *Les Transformations des contes merveilleux* (1928), Paris, Le Seuil, 1970.

d'une base narratologique destinée à construire le voyage initiatique typique du héros que l'on peut trouver dans de nombreux récits du monde entier, en particulier dans les œuvres littéraires et l'industrie cinématographique.

La visualisation ci-après est un modèle d'interprétation anthropologique que j'ai développé et adapté aux problématiques éco-responsables, sur la base des travaux de Vladimir Propp et des réflexions postérieures de Joseph Campbell et de Christopher Vogler[1], à qui l'on doit la démocratisation des travaux sur la morphologie du conte merveilleux. Ce voyage dans l'imaginaire qui accompagne les pratiques des consommateurs comporte douze étapes. Il montre le lien entre le récit porté par le capitalisme responsable et les contraintes avec lesquelles doivent composer les individus qui veulent limiter leur culpabilité en augmentant la dimension responsable de leur consommation.

Par exemple, l'offre de représentations imaginaires proposée par les marques permet de produire une dissonance cognitive basée sur la culpabilité du héros-consommateur tout en proposant un parcours initiatique imaginaire qui permet de la résoudre sans trop changer ses pratiques. Ce parcours initiatique imaginaire permet à l'individu d'inscrire ses échecs dans un système normatif valorisant, ce qui participe à ériger les pratiques de consommation responsable comme un idéal social à atteindre.

1. Christopher Vogler, *The Writer's Journey*, Studio City, Michael Wiese Productions, 2007.

LE VOYAGE DU HÉROS ET LE CONTE MERVEILLEUX DES ENFANTS GÂTÉS

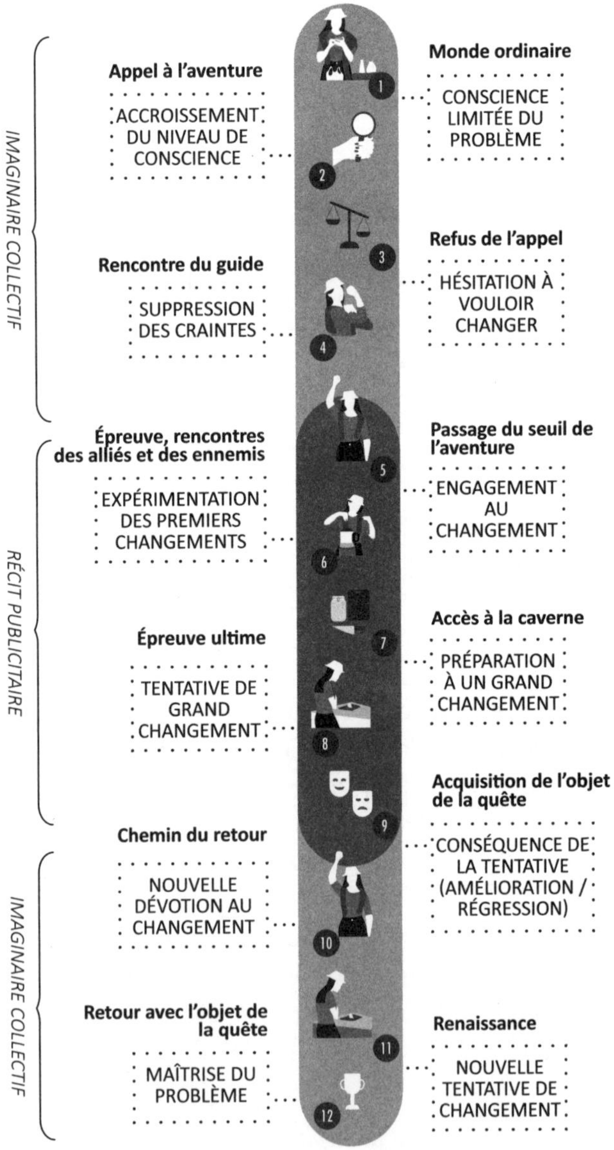

Certains consommateurs vont se réapproprier cet imaginaire publicitaire et l'intégrer à leurs discours. Il va permettre d'ordonner leurs pratiques quotidiennes et surtout de justifier leurs écarts de conduite, lorsque par exemple ils jugent ne pas être des consommateurs suffisamment responsables. En pratique, chaque étape du voyage du héros correspond à une réalité spécifique pour l'enfant gâté.

Cette grille de lecture permet d'isoler, à chaque étape de ce voyage, les verbatims associés afin d'établir une interprétation anthropologique qui s'appuie sur différentes données : psychologiques, matérielles, collectives et symboliques.

Les différentes études de terrain menées rendent compte du cheminement intellectuel et des nouveaux usages du héros-consommateur tout au long de sa quête, qui doit le conduire à devenir un consommateur éco-responsable :

– Étape 1. Conscience limitée du problème : les enjeux climatiques sont loin des enjeux du quotidien. On n'a pas l'impression que notre mode de vie a un impact sur la planète. On ne se pose pas de questions et on n'imagine pas faire changer notre manière de consommer.

– Étape 2. Accroissement du niveau de confiance : les médias et les entreprises mettent en avant la consommation responsable comme une réponse politique à la crise du climat.

– Étape 3. Hésitation à vouloir changer : savoir cela, c'est bien, mais mettre en pratique une nouvelle manière de vivre ou de consommer n'est pas évident. C'est inconfortable et cela paraît compliqué.

– Étape 4. Suppression des craintes : les marques deviennent politiques et accompagnent les consommateurs dans les changements de leurs pratiques. Les institutions communiquent également de manière pédagogique afin d'éduquer les populations aux nouvelles normes de consommation socio-éco-responsable.

– Étape 5. Engagement au changement : le consommateur ne sait pas comment il va concrètement s'y prendre, mais il souhaite changer ses pratiques ; pour lui, pour les autres et par extension pour la planète.

– Étape 6. Expérimentation des premiers changements : le consommateur va mettre en place des micro-changements dans son quotidien. Vu de l'extérieur, ils paraissent dérisoires, mais l'individu va focaliser toute son attention sur ces micro-changements.
Ces micro-changements passent la plupart du temps par la mise en place de pratiques éco-responsables car perçues comme plus éthiques : elles permettent de rendre concret les enjeux environnementaux de notre société. Même si ces pratiques conduisent

dans les faits à mettre en place des nouvelles manières de consommer qui sont plus socio-responsables qu'éco-responsables.

– Étape 7. Préparation à un grand changement : les micro-changements de pratiques s'accélèrent. Ils commencent à avoir un impact sur la vie quotidienne, mais également sur les croyances du consommateur. Ce qu'il fait et pourquoi il le fait deviennent même des marqueurs identitaires. Ils vont lui permettre de se construire une identité, mais également d'appartenir à des communautés de moralité.

– Étape 8. Tentative de grand changement : le consommateur doit accepter de renoncer à ses habitudes précédentes de consommation.

– Étape 9. Conséquence de la tentative : en fonction des consommateurs, l'engagement pour une consommation éco-responsable pourra s'accroître au fil du temps, ou à l'inverse s'amoindrir. L'intégration de nouvelles pratiques est longue et complexe. Parfois, plusieurs tentatives sont nécessaires afin de parvenir à trouver un équilibre entre les anciennes pratiques de consommation et les nouvelles.

– Étapes 10 et 11. Dévotion nouvelle au changement et nouvelle tentative : il existe différents stades de consommation éco-responsable (débutant, initié, expert, évangélisateur, abandonniste) qui, en fonction de leur engagement, vont adapter plus ou moins en profondeur leurs pratiques, mais également leur vision du monde.

– Étape 12. Maîtrise du problème : l'objectif pour le consommateur est d'atteindre un nouvel équilibre. Cet équilibre va à la fois apporter un état de mieux-être, mais également être un bon compromis entre le conte merveilleux de la consommation responsable, c'est-à-dire celui des enfants gâtés, et les contraintes de la vie de tous les jours : temps, budget, compétences, sociabilités, etc.

Le conte merveilleux des enfants gâtés se diffuse par les récits publicitaires et par l'imaginaire collectif. Il peut être considéré comme un monomythe, car quels que soient les thèmes abordés, sa structure semble inchangée. Pour Joseph Campbell, la structure du monomythe comprend trois phases : le départ, l'initiation et le retour ; et celles-ci se subdivisent en étapes[1].

Il est toujours question d'un héros qui, à l'issue de sa quête, sera une personne meilleure et même aura changé le monde : et c'est précisément ce que promeut le conte merveilleux des enfants gâtés par le biais du voyage du héros-consommateur, c'est-à-dire par les changements de pratiques demandées aux individus. Avec le

1. Joseph Campbell et Henri Crès, *op. cit.*

voyage du héros-consommateur, ce conte intègre des éléments imaginaires (récits publicitaires, œuvres de fiction) et donc merveilleux afin de mettre en scène le changement de pratiques des individus ; et amène le héros-consommateur à inclure une réflexion morale au sein de ses routines quotidiennes.

Positiver le changement

Certains chercheurs vont jusqu'à considérer la figure même du consommateur éthique, non loin du consommateur responsable, comme un mythe : c'est d'ailleurs la thèse principale d'un ouvrage collectif paru en 2010 et qui s'intitule *The Myth of the Ethical Consumer*[1]. D'après le philosophe et professeur d'éthique des affaires à l'Essca Alain Anquetil, le consommateur éthique est « un personnage héroïque opérant dans une réalité qui n'est pas la nôtre mais en l'existence de laquelle nous croyons[2] ». Corrélativement, nous ne pouvons pas prétendre devenir un tel héros[3]. Pourquoi ? Parce qu'il existe toujours un écart entre le discours et les pratiques, entre ce que l'on a envie de faire et ce que l'on fait vraiment : les bonnes intentions ne suffisent pas toujours à modifier les habitudes de consommation ; et c'est en cela que l'on peut considérer la figure du consommateur responsable

1. Timothy Devinney, Pat Auger et Giana M. Eckhardt, *The Myth of the Ethical Consumer*, Cambridge, Cambridge University Press, 2010.
2. *Ibid.*
3. https://ethique-des-affaires.essca.fr/fondements-mythe-consommateur-ethique

comme mythique. Pour autant, « l'idéalisation de la manière dont un consommateur devrait se comporter pour être un membre légitime de la société[1] », représente un idéal qu'il est cette fois possible d'atteindre[2].

Dans le cadre du conte merveilleux des enfants gâtés, le héros-consommateur peut être investi dans plusieurs quêtes en fonction des différents territoires qu'il souhaite conquérir dans la consommation responsable : alimentation, énergie, voyage, travail, etc. Pour faciliter ces quêtes, trois voies principales permettent d'accompagner les consommateurs, mais également les entreprises : celle de la réparabilité, celle des labels de la responsabilité et enfin celle des loisirs de la bonne conscience.

Ainsi, le voyage du héros met en place un cadre normatif pour le héros-consommateur qui s'apparente à un modèle imaginaire qui organise les usages réels, encadrant et facilitant le changement de pratiques de consommation.

C'est à la suite d'études anthropologiques que j'ai menées en 2020 et 2021 à ce sujet pour Bonduelle[3]

---

1. Timothy Devinney, Pat Auger et Giana M. Eckhardt, *op. cit.*
2. https://ethique-des-affaires.essca.fr/fondements-mythe-consommateur-ethique
3. Cette étude anthropologique a été réalisée auprès d'un échantillon de 50 personnes en France et au Canada. L'objectif était d'identifier les pratiques et les représentations liées à la consommation de produits conditionnés en vrac auprès d'individus qui avaient différents niveaux d'engagement dans la consommation responsable.

et Nutrition & Santé[1] que j'ai pu identifier la présence d'éléments des récits publicitaires dans le discours de mes enquêtés. Le tableau ci-après, illustre le parcours initiatique d'une enfant gâtée, une Marseillaise de 32 ans, dans la consommation de produits conditionnés de manière socio-éco-responsable en vrac, interrogée dans le cadre de l'étude menée pour Bonduelle en janvier 2021.

Les 12 étapes	Verbatims de l'individu
1 – Conscience limitée du problème	*« Je l'avoue, à la base les enjeux climatiques sont très loin de mon quotidien. Je ne me posais pas la question en fait. C'est con, mais on n'imagine pas que faire autrement est possible. »*
2 – Accroissement du niveau de confiance	*« À force de voir sur Facebook mes amis publier des choses à ce sujet, je me suis dit qu'effectivement, il fallait moi aussi que je fasse quelque chose et que je change un peu ma consommation. »*
3 – Hésitation à vouloir changer	*« Au départ, franchement, je ne savais pas par où commencer. C'est pour ça qu'il s'est bien écoulé un an avant que je me décide à tenter le vrac. Je ne savais pas comment m'y prendre. J'ai observé mes amis faire et je me suis beaucoup renseignée sur Internet. »*

1. Cette étude anthropologique a été réalisée auprès d'un échantillon de 75 personnes en France, aux Pays-Bas et en Italie. L'objectif était d'identifier les pratiques et les représentations de la fermentation et des alternatives au sucre auprès d'individus qui avaient différents niveaux d'engagement dans la consommation responsable.

4 – Suppression des craintes	*« Un jour il faut se lancer, on ne peut pas rester insensible à la pollution des océans avec les déchets plastiques. Même à l'école, ma fille est sensibilisée à ces problématiques, on ne peut plus fermer les yeux. »*
5 – Engagement au changement	*« Je me suis vraiment dit qu'il fallait que je fasse quelque chose quand une amie m'a partagé un lien vers la campagne de l'ONG Sea Shepherd. C'étaient deux images hyper violentes. La première représentait un phoque en train d'étouffer sous un sac plastique et la seconde une tortue qui n'a que peu de chances de survivre à un sac plastique. »*
6 – Expérimentation des premiers changements	*« Au départ j'y suis allée doucement. J'ai acheté des bocaux en verre et quand je rentrais à la maison, je transvasais le riz et les pâtes dans mes bocaux. Mais je n'achetais pas encore en vrac dans le magasin. »*
7 – Préparation à un grand changement	*« J'ai commencé à observer comment les gens faisaient au supermarché, car ce n'est pas évident de se servir avec les distributeurs de vrac. »*
8 – Tentative de grand changement	*« Et quand j'ai décidé de me lancer, je me suis aperçue que ce n'était pas si compliqué. Par exemple pour le riz et les pâtes, dans mon supermarché en bas, il y a un stand vrac de la marque que je prenais avant. »*
9 – Conséquence de la tentative	*« Au départ j'avoue que c'était la galère. Je les ai renversés par terre. J'avais du mal à savoir quelle quantité prendre. Du coup, ça m'a saoulée et pendant six mois je n'ai pas recommencé. »*

10 – Dévotion nouvelle au changement	*« Je me suis posé beaucoup de questions et j'en ai parlé avec mes amis qui consommaient déjà en vrac. Du coup, je me suis encore équipée. J'ai acheté des sachets en toile pour transporter les produits en vrac et savoir les bonnes quantités. J'ai encore observé quelque temps les autres clients et après je me suis vraiment lancée. Et puis, ce qu'il faut dire aussi c'est que pendant cette période de réflexion, j'ai réduit ma consommation de viande et je me suis mise à la cuisine. Je fais beaucoup plus de plats maison pour ma fille. »*
11 – Nouvelle tentative de changement	*« Et finalement, je me suis dit que ce n'était pas si compliqué. Faut juste se lancer et gérer un peu différemment la logistique des courses. On va plus souvent dans le supermarché et surtout il ne faut pas oublier ses contenants de transport. »*
12 – Maîtrise du problème	*« Je ne pense pas que consommer en vrac fasse vraiment faire des économies. Car même si on achète la juste quantité, on achète plus car on cuisine plus. Par contre, comme j'ai arrêté d'acheter des plats préparés et que je mange beaucoup moins de viande, j'ai pu équilibrer mon budget. »*

Le conte merveilleux des enfants gâtés et la doxa du capitalisme responsable sont redoutablement efficaces pour accompagner de manière positive le changement des pratiques de la population.

Ils ne datent pas non plus d'hier. Ils sont le fruit d'une longue évolution sociétale, qui a conduit à la redéfinition des logiques de distinction sociale à travers la transformation du cool et du luxe.

L'avènement d'un luxe cool éco-responsable propulse chaque enfant gâté du capitalisme responsable comme le héros de sa propre quête vers l'éco-responsabilité.

LES NOUVELLES ÉGÉRIES DU BANAL

Les biens de consommation éco-responsables sont des vecteurs de sens, notamment à travers les signes qui circulent par l'intermédiaire de certaines marques.

Les symboles et les objets permettent à la créatocratie de construire le récit collectif du capitalisme responsable, grâce à une articulation cohérente entre trois niveaux de sens : un *niveau axiologique* (un système de valeurs), un *niveau narratif* (un récit) et un *niveau esthétique* (des codes visuels et discursifs[1]).

Comme abordé dans le chapitre précédent, au *niveau axiologique*, la créatocratie promet le bonheur. Un bonheur qui semble être à portée de main

---

1. Ces trois niveaux de sens sont issus du modèle sémiotique de la marque établie par Jean-Marie Floch (notamment dans *Identités visuelles*, Paris, Presses universitaires de France, 1990) et perfectionné par Benoît Heilbrunn (*La Marque*, Paris, Presses universitaires de France, 2017).

grâce au système de valeurs sur lequel elle repose : technologie, créativité et tolérance. Ensuite, au *niveau narratif*, la créatocratie construit un récit collectif, celui du conte merveilleux des enfants gâtés ; lequel repose sur les dogmes du capitalisme responsable et qui se matérialise à travers les pratiques de consommation éco-responsable.

Enfin au *niveau esthétique*, et cela sera l'objet de ce chapitre, la créatocratie se joue des apparences, et ce, grâce aux bulles culturelles sur lesquelles les nouveaux sauvages ont la mainmise. La créatocratie mobilise des codes et des symboles inter-ethniques et transculturels ; réinventant par la même occasion la notion de conflit social. Aujourd'hui, les affrontements entre plusieurs groupes sociaux antagonistes qui souhaitent modifier les rapports de force existant ne concernent plus uniquement le statut social, mais également les valeurs culturelles.

Ces valeurs culturelles s'expriment à travers les codes visuels et esthétiques qu'une personne va mobiliser afin de faire passer ses idées : la consommation éco-responsable est politique. L'allure générale d'une personne à travers la construction de son look se pense comme une stratégie de placements d'idées, par l'intermédiaire des signes renvoyés par les objets et marques qu'elle choisit.

LUXE, COOL ET ÉCO-RESPONSABILITÉ

En créatocratie, on voue un culte au banal[1], à tout ce qui est ordinaire : ce qui permet de mieux enchanter la réalité, comme avec le conte merveilleux des enfants gâtés. La banalité devient même le stade ultime du chic, la synthèse jugée parfaite entre l'élitiste éphémère et le socialiste inusable. Magnifier l'ordinaire est devenu le nouvel opium du peuple, une manière même de faire perdurer l'addiction à la surconsommation.

Avec le capitalisme responsable, le luxe évolue et n'est plus uniquement l'apanage de ceux qui ont un mode de vie qui se caractérise par de grandes dépenses consacrées au superflu. Au fil de mes recherches, j'ai compris que c'est en s'intéressant au luxe que l'on peut mieux comprendre les logiques socio-culturelles de l'éco-responsabilité, car le luxe s'adapte toujours, pour mieux correspondre à l'époque.

Par exemple, le designer français Octave de Gaulle a conçu, pour la maison de champagne Mumm Grand Cordon, une bouteille spéciale pour permettre aux bulles de s'accommoder de l'apesanteur, ce qui permettrait de pouvoir boire du champagne dans l'espace. La marque de luxe Balenciaga, elle, et son directeur artistique Demna Gvasalia conçoivent une mode la plus banale qui soit. Demna Gvasalia imagine un style qui

1. François Jost, *Le Culte du banal. De Duchamp à la télé-réalité*, Paris, CNRS, 2007.

se compose de vêtements de tous les jours, piochés dans les banlieues populaires, à l'esthétique outrancière[1].

Redéfinition

Comme l'a souligné l'anthropologue français spécialiste du luxe Marc Abélès[2], nos sociétés occidentales banalisent une certaine idée du luxe, qu'elles jugent trop strict, trop ennuyeux, trop élitiste et pas assez confortable. Les nouveaux sauvages, eux, mettent en place des stratégies culturelles afin de transférer les codes traditionnels du luxe vers ceux de la consommation éco-responsable. Pour cela, ils s'approprient les valeurs de l'authenticité, du savoir-faire, de la durabilité, de la sobriété et de l'intemporalité. Cette nouvelle idée du luxe, d'un luxe qui ne passe plus par l'abondance mais par le prestige de la sobriété, permet d'apporter un horizon de réussite et d'accomplissement aux enfants gâtés.

Pour les nouveaux sauvages, le luxe est cool s'il est teinté par l'éco-responsabilité. Mais ne nous laissons pas pour autant aveugler par la récupération de certains signes du cool dans notre société par les nouveaux sauvages : le cool est ostentatoire en créatocratie. Le cool sur lequel se construit la sobriété de la consommation responsable produit des marchandises standardisées, qui prennent

1. Dominique Cuvillier, *Le Triomphe du luxe cool. De l'hyperluxe à l'hypermarché*, Paris, Maxima, 2019.
2. Marc Abélès, « Pour une anthropologie globale du luxe... et de la mode. Entretien avec Marc Abélès », *Terrains/Théories*, 2018, n° 8.

leur inspiration sur des marchandises de prestige. Par exemple, les voitures électriques Tesla, les seules à avoir une batterie recyclable, sont des modèles haut de gamme, loin d'être accessibles à toutes les bourses. Lorsqu'Elon Musk présente le Tesla Cybertruck, un pick-up futuriste, il propose une vision du futur de l'éco-responsabilité qui renvoie vers un imaginaire positif d'abondance et de performances, c'est-à-dire d'un luxe d'antan, mais en mieux, car éco-responsable.

De plus, être cool n'est pas inné. Cela s'apprend, même en créatocratie. Être cool, c'est tout d'abord une attitude : faire preuve de nonchalance, d'un faux détachement par rapport à notre vie. C'est cultiver une image de soi qui oscille entre ironie et révérence, entre vice et vertu, entre hédonisme et narcissisme ; et ce, à l'image des nouveaux sauvages. Être cool, c'est également s'adapter car ce qui est cool un jour ne le sera pas forcément très longtemps.

Convergence

En créatocratie, les frontières qui opposent le luxe et le populaire, le cool et le ringard, le smart et le décontracté, la subversion et le conservatisme, ont été transcendées. L'ancienne opposition entre goût intellectuel et goût populaire a également été anéantie par le système au moyen des bulles culturelles. D'ailleurs, les codes des sous-cultures urbaines du siècle dernier sont devenus ceux des nouveaux sauvages du XXIe siècle.

Le « coolisme » a fait son apparition. Il s'agit d'un nouvel ordre social fantasmé, à l'image de celui du jeunisme, qui permet aux marques de continuer de nous émerveiller[1], notamment à travers la collab'. Une collab' est une collaboration entre deux marques, ou entre une marque et une personnalité publique. Deux marques peuvent co-créer une collection capsule éphémère, c'est-à-dire qu'elle concerne une série limitée de vêtements ou d'accessoires. Il s'agit d'une stratégie créative, et surtout communicationnelle, dont la créatocratie use et abuse pour séduire les enfants gâtés. La collab' permet de combiner des références de bulles culturelles différentes, et même de permettre à chaque enfant gâté de consommer les mêmes biens culturels que les nouveaux sauvages.

Au XXIe siècle, le luxe s'exprime par une liberté de faire, de collaborer, de s'ouvrir à d'autres territoires, à d'autres créativités. Le luxe, c'est le trait d'union entre plusieurs mondes, c'est l'apogée de la marginalité sécante : entre *street culture*, jeunesse, célébrités et éco-responsabilité. Le groupe français de luxe LVMH l'a bien compris quand, en 2018, le designer américain Virgil Abloh, créateur de la marque Off-White en 2013 et ancien directeur artistique de Kanye West, est devenu le directeur artistique des collections Homme de Louis Vuitton. Feu Virgil Abloh[2], amateur de hip-hop et engagé pour l'affirmation des cultures afro-américaines,

1. Dominique Cuvillier, *op. cit.*
2. Virgil Abloh est décédé d'un cancer en 2021, à l'âge de 41 ans.

était un nouveau sauvage qui a participé activement à la démocratisation des codes du hip-hop dans la haute couture à travers le regard politique qu'il a posé sur la mode.

La France est considérée comme la « deuxième terre du rap » après les États-Unis, la terre qui l'a vu naître dans les années 1990 ; et le rap est le genre musical le plus écouté dans l'Hexagone[1]. La musique est toujours une expression marquante de l'air du temps et des préoccupations de la population : et le rap n'échappe pas à cette règle. Depuis ses débuts, ce genre musical se veut rebelle et contestataire. Il déstabilise la bourgeoisie en bousculant les codes de la bonne moralité et dénonce les injustices sociales.

Loin de vouloir s'émanciper du système, les rappeurs mettent en scène une réussite sociale où ils empruntent tous les attributs de la réussite bourgeoise, et les détournent pour mieux se les approprier. Les rappeurs prônent un idéal matérialiste et hédoniste à l'excès, qui malgré les apparences fait d'eux des alliés de l'oligarchie politico-économique de premiers choix : ils sont les premiers émissaires de la créatocratie. D'ailleurs, en créatocratie, ils font partie des rares nouveaux sauvages médiatiques qui ont le droit de critiquer ouvertement l'ordre. Aucun sujet n'est exclu : éco-responsabilité, crise sanitaire, radicalités religieuses et politiques, quête de sens, etc.

---

1. https://www.lemonde.fr/podcasts/article/2021/09/28/le-rap-est-il-la-musique-la-plus-ecoutee-en-france_6096241_5463015.html

Ainsi en créatocratie la décontraction « à la californienne » se confond désormais avec le style de la *street culture*[1], autrefois attribué aux mauvais garçons des quartiers sensibles : T-shirt, pull à capuche, jean et baskets sont devenus les nouveaux accessoires de l'uniforme professionnel et culturel du nouveau sauvage de la créatocratie.

En créatocratie tous arborent donc le même look, dont le spectre varie de l'ethnie *bobo* à celle de l'ethnie *hipster*. Un style vestimentaire éclectique, inspiré de celui des rappeurs qui s'éloignent de plus en plus de l'univers de la *street culture* et de celui des entrepreneurs de la Tech qui montrent, que l'on peut réussir en étant habillé de manière décontractée, à l'image de feu Steve Jobs (Apple) ou de Mark Zuckerberg (Facebook).

Les enfants gâtés fonctionnent ensuite par mimétisme et se construisent une allure générale cohérente avec celles de leurs égéries. Comme la consommation devient politique, les choix qu'ils font ont également un impact sur leur vision du monde : ils n'aspirent plus au rêve américain mais à faire partie de la start-up nation[2].

Au premier abord, ce mélange des genres est une ode au vivre-ensemble : que l'on soit un designer ou une star du rap, un cadre d'une start-up de la

---

1. C'est-à-dire la culture de la rue, la culture populaire.
2. « Start-up nation » est une expression qui vante la volonté du gouvernement français de créer les conditions d'un pays prospère, faisant émerger de nombreuses entreprises innovantes, notamment dans le secteur du numérique.

Tech, un journaliste ou un employé d'une entreprise, nous pouvons tous nous habiller de la même manière en créatocratie. À y regarder de plus près, il semble davantage s'agir d'une illusion de liberté qui consiste à laisser croire aux personnes qu'elles peuvent être qui elles souhaitent être, du moment qu'elles peuvent se démarquer en affirmant un look, un style de vie. Bref, du moment qu'elles adoptent une attitude cool[1].

La disparition graduelle de la frontière entre mode formelle et mode sport, entre vêtements fonctionnels et vêtements de loisirs, conduit à une uniformisation mondiale d'un style hybride *urban-casual-street-leisure-sportwear*[2] : c'est-à-dire d'une mode hétéroclite où les baskets seraient l'incarnation de l'assouplissement généralisé de l'apparence. Les bulles culturelles de la créatocratie permettent ainsi de concevoir un luxe cool éco-responsable à travers l'art des mélanges iconoclastes. À la fois exclusifs et accessibles, loin des contraintes de classes sociales ou de styles vestimentaires : une mode rare avec un faux style *underground*, où le luxe et l'univers de la *street culture* habillent et collent à la peau des nouveaux sauvages.

1. Dominique Cuvillier, *op. cit.*
2. *Ibid.*

LES TOTEMS CRÉATOCRATIQUES

Le luxe cool éco-responsable se diffuse au sein des bulles culturelles par les nouveaux sauvages, devenus des égéries du banal. Les enfants gâtés vont ensuite se réapproprier leurs codes comportementaux et vestimentaires à travers une gestion logistique des symboles de l'éco-responsabilité.

Certaines marques surfent sur l'éco-responsabilité afin de moderniser leur image ou d'attirer une nouvelle clientèle. Par exemple, les objets (vêtements, accessoires) de certaines marques deviennent les vecteurs de l'idéologie de l'éco-responsabilité. D'un point de vue anthropologique, une marque représente un système de signes doté d'une forte aptitude à produire du sens : elle articule des éléments de natures immatérielle (un projet, une vision, des convictions) et matérielle (une esthétique, des codes visuels).

On observe une évolution de la perception et de la fonction culturelle de certains totems comme des vestes, des polos ou des baskets. On observe également l'effacement progressif des frontières sociales dans la construction d'une esthétique culturelle de l'éco-responsabilité, et ce, par la création de nouvelles marques ou par la réappropriation commune par bulles culturelles et entre bulles culturelles d'un totem ou d'une marque.

La classe et le style

Avant l'hégémonie du capitalisme responsable, la division horizontale des systèmes de signes dans le corps social fonctionnait suivant un principe d'homologie structurale. De manière schématique, la *street culture* était plébiscitée par les classes populaires, la consommation de masse par les classes moyennes, et le luxe par les classes supérieures. La culture de sens oscillait alors entre deux champs de force : l'authentique-éthique et le coolisme-storytelling.

D'un côté, pour une marque, être authentique, c'est renvoyer une image de sincérité et d'histoire qui ne peut pas être remise en question : une marque authentique fait autorité, elle n'a plus rien à prouver. À l'inverse, une marque éthique, elle, est une marque qui combine le profit avec des préoccupations sociales et environnementales : elle se veut transparente et plus proche de ses clients, de la société de manière générale.

D'un autre côté, pour une marque, le storytelling est l'art de raconter une histoire pour communiquer sur elle-même ou sur ses clients ; alors que le coolisme, lui, représente ce qui est dans l'air du temps, à la mode. Le coolisme n'a pas besoin de raconter une histoire. Il renvoie des codes qui expriment de lui-même les valeurs d'une époque, d'un groupe social.

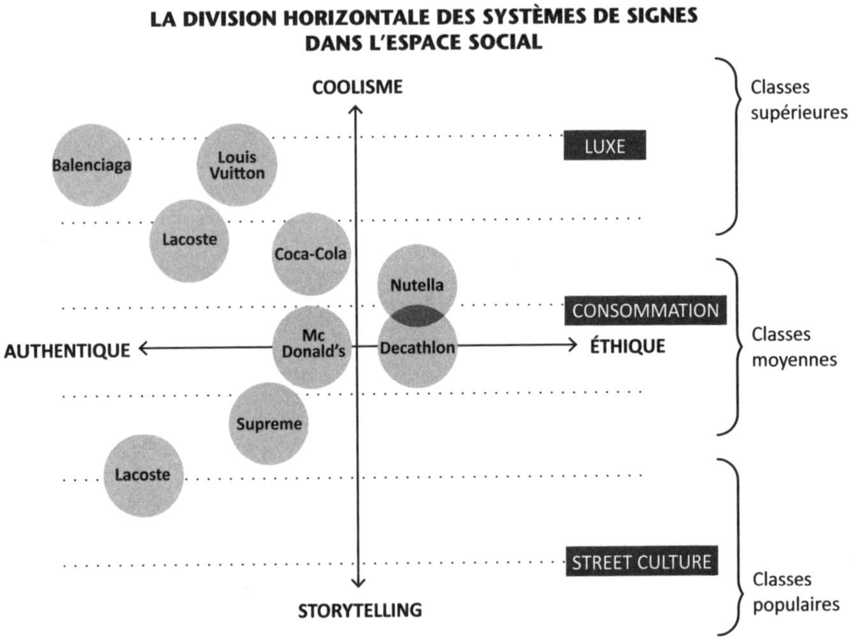

Comme l'illustre la visualisation ci-dessus, l'éthique n'est pas une préoccupation dominante. L'éthique renvoie davantage à une quête de modernité perçue, elle, comme positive : les marques doivent, à travers leurs produits, simplifier la vie des gens. Les enjeux socio-environnementaux sont secondaires.

Les marques authentiques ne vont pas être les mêmes entre les différentes classes sociales. L'authentique des classes supérieures est celui du luxe, et à l'extrême opposé, celui des classes populaires, de la *street culture*. La marque Lacoste fait figure d'exception : porter des pièces griffées Lacoste est un signe de distinction sociale, pour les classes populaires comme pour les classes supérieures.

Les classes moyennes, elles, qui constituent la majorité de la population des pays occidentaux, consomment des marques progressistes : celles-ci prônent la diversité, elles proposent des produits qui s'adaptent à l'évolution de la société et elles sont accessibles au plus grand nombre. L'histoire et l'authenticité d'une marque ou d'un produit ne les intéressent pas : par contre, le rapport qualité/prix, la praticité et l'accessibilité sont des critères fondamentaux pour cette classe sociale.

La culture du style

Depuis l'hégémonie du capitalisme responsable et l'ethnicisation culturelle du corps social, le positionnement des marques n'est plus le même. Les stratégies que la population déploie pour la construction d'une identité non plus sociale mais culturelle ont permis aux marques de développer une esthétique culturelle de l'éco-responsabilité dont les nouveaux sauvages assurent la promotion.

En tant qu'égéries du banal, les nouveaux sauvages les plus médiatiques maîtrisent le coolisme de plusieurs bulles culturelles à la fois. Je trouve que les rappeurs français Booba et Jul font partie de ceux qui illustrent le mieux la culture du style éco-responsable en créatocratie. Tout simplement car ce sont ceux qui ont été le plus fréquemment cités par les enfants gâtés que j'ai interrogés dans le cadre de mes travaux de recherche.

La culture de sens oscille toujours entre les deux champs de force, authentique-éthique et coolisme-storytelling. Cependant, les enfants gâtés vont y associer des représentations complémentaires, notamment liées à l'influence de la quête de sens et à l'attrait grandissant de la psycho-spiritualité en créatocratie. La spiritualité d'une expérience de consommation peut se définir comme une action de transformation de soi, dans un cadre marchand, motivée par une recherche de sens et de sagesse dans une perspective immanente ou transcendante[1].

Au sein du premier champ de force, le coolisme équivaut pour la personne à une volonté de se détacher de l'ego, c'est-à-dire que le collectif va primer sur l'individu. La consommation va lui permettre de se transformer, jusqu'à devenir un humain créatique. Le storytelling, à l'inverse, concerne les personnes qui sont les plus conservatrices : il s'agit des personnes les plus réticentes à renoncer à l'hyperconsommation. Concernant le second champ de force, l'authentique va permettre à la personne de se relier à elle-même (intériorisation et réflexions immanentes), et l'éthique, d'être reliée aux autres et à l'environnement, c'est-à-dire de consommer en cohérence avec les dogmes du capitalisme responsable.

Les ethnies *bobo*, *normcore*, *boubour* et *hipster* ont fusionné en deux méta-bulles culturelles.

La première méta-bulle culturelle est celle du *coolisme authentique*, dont le totem est la doudoune

---

1. Max Poulain, *op. cit.*

Quechua de la marque Decathlon. Une doudoune grand public, à un prix accessible (moins de 100 euros), qui véhicule un imaginaire positif : le sport pour tous et tous les jours, ainsi que le confort et la qualité accessible au plus grand nombre. Jul, qui n'a fait aucune collab' avec Decathlon, est pour autant l'une des principales égéries de ce vêtement. Il se met régulièrement en scène dans ses clips ou sur les réseaux sociaux avec des doudounes des marques du groupe Decathlon, et notamment celle de la marque Quechua.

L'ethnie *bobo* et dans une moindre mesure l'ethnie *normcore* affectionnent tout particulièrement cette doudoune, notamment une fraction d'enfants gâtés que les ethnies *boubour* et *hipster* s'amusent à nommer « les bobos en doudoune Quechua ». Une catégorie d'enfants gâtés qui a même son propre néologisme : le grelou. Le grelou (contraction de « Grenoblois » et de « relou ») désigne « un individu obsédé de montagne, qui recherche tellement la performance qu'il néglige sa vie sociale. Les pires Grelou [sic] sont souvent des cadres ou chercheurs qui ne viennent pas de Grenoble et se trouvent une nouvelle vocation[1] », comme l'explique l'enfant gâté à l'origine de ce néologisme. Bien évidemment, « les bobos en doudoune Quechua » ne vivent pas exclusivement à Grenoble, mais, d'après les enfants gâtés, ils seraient surreprésentés dans les zones montagneuses, passion du sport oblige.

———

1. https://www.20minutes.fr/grenoble/1254669-20131126-grelou

La seconde méta-bulle culturelle est celle du *storytelling éthique*, dont le totem est le polo Lacoste. Une pièce iconique en coton piqué, d'une marque qui a su traverser les époques et les classes sociales. Une marque mode de sport qui a su capitaliser sur ses contradictions, c'est-à-dire plaire à la fois aux jeunes de banlieues et aux classes supérieures. Durant de nombreuses années, la marque Lacoste n'assumait pas ce mélange des genres. Le capitalisme responsable aidant, Lacoste crée à présent une forme de normalisation autour du détournement de la marque par les rappeurs. En effet, les codes de la culture hip-hop sont devenus un argument marketing pour Lacoste, symbole d'un style décontracté, universel et apprécié par tous ses clients. La marque Lacoste s'adapte aussi aux enjeux de l'éco-responsabilité : collections unisexes, coton recyclé, collab' avec des égéries de séries télévisées comme *Élite*, etc.

J'ai mené une étude anthropologique pour Lacoste en 2020, spécifiquement sur les usages et les représentations associées au polo Lacoste par des enfants gâtés. Cette recherche m'a permis de me forger une conviction : le polo Lacoste rassemble des enfants gâtés des ethnies *boubour* et *hipster*, et fédère par la même occasion le reste de la population, autour d'un imaginaire commun, le fameux luxe cool éco-responsable. Mes enquêtés ont tous décrit avec les mêmes qualificatifs Lacoste, justifiant par la même occasion l'achat d'un polo de la marque :

– C'est une marque durable : les polos sont perçus comme solides et ils durent dans le temps.

– C'est une marque patrimoniale : les polos circulent au sein d'une famille (on offre à ses enfants ses anciens polos).

– C'est une marque qui favorise la justice sociale : dans l'esprit des enquêtés, Lacoste est une marque made in France, donc acheter un polo Lacoste c'est favoriser l'emploi en France, même si, en pratique, une partie de sa production est réalisée en Chine.

– C'est une marque sérieuse : la longévité d'une marque initialement pour sportifs (tennis) représente un gage de confiance pour les personnes qui achètent des polos Lacoste.

– C'est une marque qui permet à chaque personne de s'identifier à une égérie qui lui ressemble : que ce soit un sportif, un rappeur ou les personnages d'une série télévisée.

En nouveau sauvage emblématique de cette méta-bulle culturelle, Booba se partage la vedette avec feu Jacques Chirac, ancien président de la République française. Jacques Chirac est devenu, au fil des années, une icône de la pop culture (mèmes internet, produits dérivés, vidéos, comptes Instagram dédiés) : la jeunesse française le qualifie même de « stylé » et de « cool ». Booba, lui, est cité dans de nombreux ouvrages universitaires où ses punchlines sont étudiées, notamment par des linguistes. Il a même été invité comme conférencier dans la prestigieuse université américaine d'Harvard pour parler de sa carrière.

Même si en apparence tout semble les opposer, ils ont beaucoup plus de points communs qu'il n'y paraît : ils appartiennent tous les deux à l'ethnie *boubour* et leur avant-gardisme séduit les membres de l'ethnie *hipster*. Ils portent également tous les deux des polos Lacoste et ça n'a pas échappé aux personnes que j'ai interrogées, car d'après eux : « Lacoste, c'est une marque qui peut être portée par Chirac comme par Booba. Je ne sais pas comment ils font, mais ils sont forts ».

Les méta-bulles culturelles

Considérons tout d'abord, la méta-bulle culturelle du *storytelling éthique*. Les enfants gâtés se désintéressent massivement des grandes marques, au profit de nouvelles marques, jugées éco-responsables. Ces dernières bousculent les habitudes d'achat et de consommation dans de nombreux secteurs : alimentation éthique (Poulehouse), habillement de seconde main (Vinted), mobilité plus propre (Tesla), luxe (Balenciaga), etc.

Certaines marques, comme Lacoste, sont appréciées par les ethnies *bobo* et *normcore*, notamment grâce aux actions éco-responsables qu'elles mettent en place. À l'inverse, les marques traditionnelles de luxe ont quasi toutes disparu de leurs univers de référence. Les nouveaux sauvages de cette méta-bulle culturelle affectionnent davantage les plus petites marques, incarnées par des nouveaux sauvages engagés à politiser toujours plus la consommation. Ils aiment le storytelling, même s'il s'agit de *responsive washing*.

LES MÉTA-BULLES CULTURELLES ET LES SYSTÈMES DE SIGNES DANS L'ESPACE SOCIAL

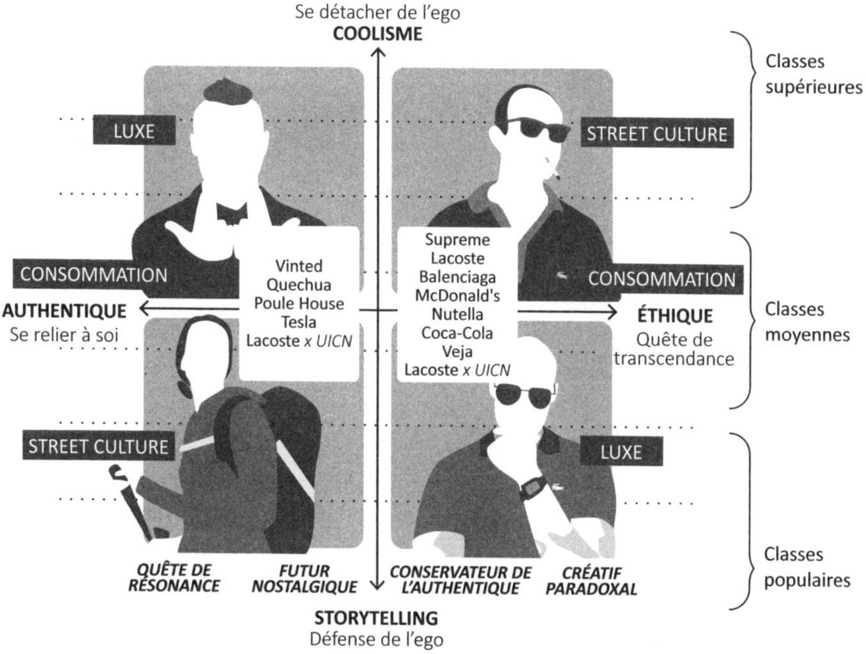

Ensuite, voyons ce qu'il se passe du côté de la méta-bulle culturelle du *coolisme authentique*. Des marques comme McDonald's se sont adaptées en verdissant leur logo. Lacoste, elle, s'est emparée des problématiques environnementales. Afin de sensibiliser le public aux espèces menacées, Lacoste remplace son logo emblématique du crocodile par dix animaux différents. Chaque animal représente une espèce qui est en voie d'extinction. Présentée sur un polo blanc classique de la marque, la collection en édition limitée intitulée Save Our Species, est menée dans le cadre d'un partenariat entre la marque et l'Union internationale pour la conservation de la nature (UICN). Une belle occasion pour les enfants gâtés de se distinguer tout en transmettant des signes et des symboles éco-responsables !

Des marques de luxe comme Louis Vuitton démocratisent les collab' avec des marques de la *street culture* comme Supreme. Certaines marques progressistes comme Nutella ou Coca-Cola sont toujours présentes, mais elles ne revoient plus le même imaginaire : elles sont devenues des marques nostalgiques.

Même si elles sont toujours consommées, elles sont pointées du doigt par les enfants gâtés de l'autre méta-bulle culturelle. Elles sont accusées d'être mauvaises pour la santé, d'être la cause de la déforestation de certaines zones du monde et de ne pas respecter les conditions de travail de leurs employés. Enfin, de nouvelles marques apparaissent, comme Veja (végane, made in France), qui visent à répondre tant aux envies d'hyperconsommation qu'aux enjeux socio-environnementaux.

Les pépinières d'enfants gâtés

Même si l'ethnicisation culturelle modifie structurellement les pratiques et les représentations de la consommation, les mentalités des enfants gâtés changent-elles vraiment pour autant ? C'est une question que je me suis posée à de nombreuses reprises lorsque j'étais au contact des enfants gâtés : tant de nouvelles pratiques de consommation, de nouveaux sujets de discussion autour de l'éco-responsabilité, doivent forcément avoir un impact sur les visions du monde des enfants gâtés. Et c'est vrai, les enfants gâtés changent, ils évoluent et se rapprochent, chacun à son rythme, de l'idéal de l'humain créatique de la créatocratie.

Mais ce n'est pas parce que le discours ou certaines pratiques changent que la société qui se dessine sera diamétralement opposée à la précédente. D'un point de vue anthropologique, les représentations évoluent, même lentement, car elles sont ancrées dans l'inconscient collectif, même si certaines observations ethnographiques semblent laisser croire le contraire. Le thème de l'évolution des frontières entre les représentations liées au féminin et au masculin est une bonne illustration de ce phénomène.

En créatocratie, c'est l'ethnie *normcore* qui s'est le plus emparée de ce sujet, notamment au travers d'une mode vestimentaire non genrée (unisexe). L'ethnie *bobo*, elle, s'est investie dans d'autres luttes. Par exemple, certains de ses membres combattent la précarité menstruelle ou militent pour la durabilité des produits hygiéniques[1]. Les pépinières d'enfants gâtés, c'est-à-dire les écoles supérieures de design, représentent des lieux d'observation anthropologiques privilégiés en créatocratie, car beaucoup de nouveaux sauvages et d'enfants gâtés sont designers. C'est pour cela que je vais aborder ce sujet en vous présentant deux exemples ethnographiques représentatifs de l'évolution des mentalités autour des notions de féminin et de masculin.

Le premier exemple concerne les étudiants de l'école de design Strate à Lyon, en France, où j'enseigne l'anthropologie. En septembre 2020, à la suite de la présentation d'une recherche anthropologique sur les pratiques et les représentations de la beauté en Italie[2], je leur demande de réaliser, par groupe, une « ethnographie du bon goût » au sein de leur école. Plus précisément, je leur demande d'observer et de recueillir des données (prendre des photographies), afin d'identifier les caractéristiques vestimentaires et esthétiques des étudiants de leur promotion : c'est-à-dire identifier des systèmes d'objets et de signes qui sont, d'après eux, représentatifs de cette population.

Les analyses produites par les groupes constitués par des jeunes hommes répondant aux caractéristiques de l'ethnie *normcore* m'ont particulièrement interpellée. Quel que soit le groupe, les résultats

1. Je cite les luttes principales qu'il m'a été donné d'observer dans le cadre de mes travaux de recherche anthropologiques.
2. Une étude réalisée en 2019 pour le groupe LVMH et sa marque Sephora.

étaient très proches : une allure générale faussement simple qui se construit à partir de pièces hétéroclites, et souvent onéreuses, et qui se veut la synthèse du cool californien et de celui de la *street culture*. Le luxe cool éco-responsable comme défini précédemment représente une norme culturelle pour ces étudiants. Ils justifient leurs investissements vestimentaires par l'authenticité des marques et la durabilité des produits : « Oui, c'est un investissement, mais je vais le garder longtemps. » Pour eux, chaque élément devient un totem qui se doit d'être cohérent avec les autres : basket, jean avec coupe regular, T-shirt ou pull de style sportswear.

Un élément a retenu mon attention : il s'agit des questionnements que les jeunes *normcore* avaient concernant l'acceptation sociale de la féminisation de leur apparence ; ils apprécient accessoiriser leurs tenues avec des objets féminins (bracelets, boucles d'oreilles, lunettes de soleil pour femmes) et avoir une routine de beauté qui intègre des produits pour femmes (maquillage, soins pour la peau et pour les cheveux, vernis à ongles). Mais ils déplorent le manque d'ouverture d'esprit de leur entourage, et plus largement de la société à leur égard : « Ma copine et mes parents n'aiment pas quand je me maquille ou quand je prends les bijoux de ma mère. »

Cette esthétique du masculin auprès de la jeune génération, très proche d'une égérie du banal (le rappeur SCH) qu'ils n'ont pour autant jamais cité, s'intègre au sein de la culture de l'inventivité (technologie, créativité, tolérance), si chère aux nouveaux sauvages, mais également aux enfants gâtés.

Ce phénomène d'imitation inconscient est fréquent : les égéries culturelles ont toujours eu un impact sur le quotidien (consommation, attitude) des personnes. En anthropologie, on parle d'emprunts culturels pour décrire ce phénomène, très répandu notamment avec l'avènement des séries télévisées. Par exemple, des jeunes strasbourgeois reproduisent les gestes et les attitudes des dealers de la série américaine *The Wire*[1], ou encore de nombreux parents donnent à leurs enfants les prénoms de leurs héros fictionnels. En France, de nombreux parents ont donné à leurs enfants des prénoms portés par les personnages principaux de la série américaine *Beverly Hills* (Dylan, Brenda, Brandon[2]).

Alors que les frontières entre les objets féminins et masculins tendent à s'effacer auprès de l'ethnie *normcore*, d'après cet exemple, certains stéréotypes liés au féminin semblent encore bien ancrés auprès des plus jeunes enfants gâtés. C'est notamment le constat que j'ai fait, cette fois-ci en décembre 2021, à la suite d'un travail de groupe que j'ai demandé aux étudiants de l'école d'arts appliqués (CEPV) de Vevey, en Suisse.

---

1. https://www.telerama.fr/television/the-wire-la-serie-qui-a-conquis-les-banlieues,115184.php
2. https://www.huffingtonpost.fr/entry/la-serie-beverly-hills-a-fait-naitre-des-dylan-brenda-et-brendon-en-france_fr_5f1ff6aac5b69fd47311560d

Ce travail s'inscrit dans le cadre d'une journée dédiée à l'anthropologie des menstruations : je leur ai présenté le matin la synthèse d'une recherche menée en 2018 pour Procter & Gamble (*Anthropologie des menstruations. Entre « confusion » des sangs et collision des genres*) ; et l'après-midi, suivant une méthode de recherche créative, les étudiants devaient imaginer des solutions éco-responsables (réutilisation, durabilité), sur le thème des menstruations du futur. L'objectif de ce travail étudiant était d'imaginer des pistes de solutions exploratoires pour un projet de diplôme, où ils devaient réaliser un concept de pop-up store sous forme de stand en kit modulaire, pour Rañute, une boutique menstruelle durable installée à Lausanne.

Tout l'enjeu de cet atelier était de les amener à explorer des territoires généralement non associés à l'univers des menstruations : car même si le capitalisme responsable s'est emparé de ce thème, rien ne change vraiment. C'est pour cela que j'avais fortement encouragé les étudiants à oser imaginer une offre menstruelle éco-responsable où le réalisme, le désenchanté et le sauvage seraient des références esthétiques normales.

Mais les stéréotypes et les imaginaires de genre sont tenaces. Un groupe, notamment, a imaginé un futur des menstruations qui ne m'a pas laissé indifférente : dans leur scénario, chaque tampon est muni d'une graine de tulipe. Une fois usagé, le tampon est planté. Le sang menstruel sert de fertilisant et permet de transformer le tampon en une jolie tulipe ; et par la même occasion de reverdir les villes. Les rites de planter le tampon usagé et celui de cueillir la fleur seraient des événements collectifs et festifs, renouant avec certaines pratiques païennes en vogue, tournées autour de la nature et de la femme[1], et notamment le mouvement Wicca des nouvelles sorcières américaines[2].

D'un point de vue anthropologique, la portée utopique de ce projet est intéressante : il permet d'interroger la capacité à modifier nos cadres de pensée et notre inconscient collectif. Malgré l'envie des étudiants de se détacher de leurs carcans culturels et de créer « quelque chose de dégoûtant » à travers l'action de planter un tampon usagé, ils ont imaginé une solution qui reprend tous les codes du mignon et du floral que l'on attribue encore aux objets périodiques féminins.

* * *

1. Danièle Vazeilles, « Connexions entre le néo-chamanisme et le néo-druidisme contemporains. Étude en anthropologie/ethnologie comparée », *Cahiers d'études du religieux. Recherches interdisciplinaires*, 2008, n° 3.
2. https://www.franceculture.fr/emissions/les-nuits-de-france-culture/les-vivants-et-les-dieux-symboles-et-religions-les-nouvelles-sorcieres-americaines-le-mouvement

En créatocratie, tout semble changer pour que rien ne change vraiment. Le luxe cool éco-responsable induit de nouvelles pratiques et de nouvelles représentations, avant tout pour que les enfants gâtés, aidés des nouveaux sauvages, continuent de croire en la viabilité de leurs modes de vie, de notre société.

Cette illusion du changement s'articule autour de la créavolution : un nouveau système de pensée où tout est mis en place pour que les enfants gâtés pensent changer, pour mieux assurer la permanence du capitalisme.

La créavolution, c'est le *faux pacte* que la créatocratie a conclu avec les enfants gâtés et qui se répercute sur l'ensemble de la population des sociétés occidentales : c'est ce que les nouveaux sauvages appellent le *new normal*.

TROISIÈME PARTIE

LE FAUX PACTE DES ENFANTS GÂTÉS

Créavolution : néologisme formé du préfixe creato (création) et du mot involution (régression).

En créatocratie, la créavolution est l'ensemble des principes et des techniques mis en place par la créatocratie afin d'enclencher une dynamique d'involution culturelle, qui doit conduire à concevoir toujours plus d'inventions technologiques.

La créavolution, c'est le terme qui représente, d'après moi, le mieux l'illusion dans laquelle sont maintenus les enfants gâtés de la créatocratie : un changement culturel, qui semble positif, car nécessaire au maintien du mode de vie occidental. Un changement culturel qui, dans les faits, conduit la population à se couper du réel, pour mieux œuvrer à assurer la permanence du capitalisme responsable.

Le *faux pacte des enfants gâtés*, c'est la rencontre des espérances des enfants gâtés de la créatocratie et des intérêts de l'oligarchie politico-économique : les premiers font confiance aux seconds. Ils pensent œuvrer pour le bien commun et acceptent de changer certaines pratiques quotidiennes. Les seconds, eux, façonnent un futur qui préserve leurs intérêts. Un futur où rien n'a vraiment changé.

LA GUERRE CULTURELLE DES MOTS

En créatocratie, les stratégies d'évangélisation culturelle, c'est-à-dire toute action de communication qui permet de montrer le bien-fondé du capitalisme responsable, sont omniprésentes (consommation, mode, loisir). Elles œuvrent à rendre acceptable la culture de la socio-éco-responsabilité, par l'avènement de l'idéologie du capitalisme responsable mise en scène par les nouveaux sauvages.

En créatocratie, les politiques ne représentent que peu les intérêts du peuple, et surtout, les débats publics ne sont pas équilibrés. En créatocratie, ils se limitent à quelques sujets et sont orientés en faveur de la bien-pensance du capitalisme responsable. Grâce à la créavolution, les changements socio-éco-responsables demandés ne sont pas perçus par les enfants gâtés et le reste de la population comme une régression, mais comme une évolution culturelle nécessaire à la transition éco-environnementale, bien que dans les faits elle en soit une.

En créatocratie, tout le monde mobilise les mêmes armes pour parvenir à ses fins. Progressistes, réac-progressistes et populo-progressistes participent, chacun pour ses intérêts, à rendre normal ce qui ne l'était pas pour la population, suivant un principe similaire à celui de la fenêtre d'Overton – dont le nom vient de son concepteur, le lobbyiste, juriste et politologue américain Joseph P. Overton, qui a exercé la fonction de vice-président du Centre de politique publique Mackinac, un *think tank* conservateur.

La fenêtre d'Overton est une allégorie qui désigne l'ensemble des idées, des opinions ou des pratiques considérées comme acceptables par l'opinion publique d'une société. En créatocratie, les médias de niche et certaines firmes, en tant qu'acteurs influents de l'opinion publique, font évoluer et modifient cette fenêtre. Joseph P. Overton décrit une carte des idées du « plus libre » au « moins libre », qui permet de comprendre l'évolution du degré d'acceptabilité, c'est-à-dire par rapport à la position de la fenêtre des idées (impensable → radical → acceptable → raisonnable → populaire → politique publique) en fonction des actions politiques mises en place.

Par exemple, ces quatre dernières décennies ont permis de rendre populaire en Occident l'éco-responsabilité et la consommation responsable, comme le fait d'économiser l'énergie, de recycler ses biens de consommation quotidienne, de valoriser les petits producteurs, de porter des vêtements de seconde main, etc. ; alors que ces pratiques de consommation socio-éco-responsables étaient auparavant impensables pour les classes moyennes et supérieures occidentales. Aujourd'hui, elles sont même socialement valorisées en créatocratie. L'extrême droite, elle aussi, use de ce principe, comme l'a notamment étudié le doctorant en philosophie du langage français Raphaël Llorca. Dans son ouvrage paru en février 2022, *Les Nouveaux Masques de l'extrême droite. La radicalité à l'ère Netflix*, il s'intéresse à la banalisation des idées de l'extrême droite dans le débat public, comme celles liées à l'identité ou à l'immigration.

BIENVENUE DANS LA LINGUISTIQUE-FICTION

En 2022, la principale stratégie utilisée en créatocratie par les nouveaux sauvages afin de faire évoluer la fenêtre des idées de l'« impensable » au « populaire » est celle consistant à changer le sens des mots : une pratique imparable qui permet la légitimation des changements quotidiens que l'oligarchie politico-économique impose à la population. Il s'agit de neutraliser la pensée en substituant un vocabulaire par un autre, afin d'annihiler tout esprit critique et surtout de contrôler la capacité de la population à penser et à imaginer un autre monde, une autre réalité.

Les nouveaux sauvages peuvent ainsi avoir recours à des hyperboles, à l'euphémisation du réel ou plus largement à toute contorsion sémantique (inversion et oblitération de sens), qui représentent autant d'armes de guerre culturelle qui permet, par les mots, de changer la perception de la réalité de la population de la créatocratie. Par exemple, la maire de Paris, Anne Hidalgo, utilise la notion de « ville durable » pour mettre en œuvre, d'après l'historien Édouard Husson, de manière arbitraire un ordre « vert », qu'elle mobilise comme un instrument d'intimidation contre ceux qui voudraient s'opposer à sa réélection[1].

Novlangue orwellienne

La langue représente un outil puissant qui façonne la communication, forme l'identité sociale et met en place des croyances culturelles à l'échelle d'une société. L'hypothèse de Sapir-Whorf, bien que controversée dans le monde académique, est éclairante. Elle soutient l'idée que les représentations mentales dépendent des catégories linguistiques, autrement dit que la façon dont on perçoit le monde dépend de la manière que nous avons de le dire : effectivement, parler de consommation responsable n'a pas la même portée que de prôner la poursuite de l'hyperconsommation, et ce malgré l'urgence éco-environnementale ; bien que dans les faits, l'un et l'autre semblent renvoyer vers des réalités tristement similaires.

Allons encore plus loin et faisons un pas de côté en nous intéressant à certaines œuvres de la littérature de l'imaginaire du XXe siècle qui utilisent la

1. https://www.atlantico.fr/article/decryptage/novlangue-democratie-francaise-nouveaux-mots-orwell-ideologie-revolution-1789-progressisme-machiavel-totalitarisme-edouard-husson

linguistique-fiction ; car elles illustrent à merveille l'impact du sens des mots sur une population, même imaginaire. La linguistique-fiction (contraction de « linguistique » et de « science-fiction ») est un néologisme forgé par la linguiste française Marina Yaguello[1], qui caractérise des ouvrages utilisant, dans la présentation d'une langue imaginaire, un apport linguistique scientifique, de manière explicite et même implicite.

Pour moi, le principal intérêt de la linguistique-fiction dépasse les enseignements linguistiques : la linguistique-fiction permet de prendre du recul par rapport aux réalités sociologiques des lecteurs, notamment politiques. La linguistique-fiction fonctionne suivant un principe similaire à celui du regard éloigné en anthropologie : en découvrant une réalité étrange et étrangère, le lecteur opère une réflexion morale sur son propre quotidien en fonctionnant par analogie.

C'est le cas notamment du concept de novlangue (ou néoparler), la langue officielle d'Océania, inventée par l'écrivain, essayiste et journaliste britannique George Orwell pour son roman d'anticipation *1984*, publié en 1949[2]. *1984* décrit une société totalitaire qui modifie le langage officiel pour que les pensées qui remettent en question le régime politique ne soient, à terme, plus exprimables : la novlangue met en place une simplification lexicale et syntaxique de

---

1. Marina Yaguello, *Les Fous du langage. Des langues imaginaires et de leurs inventeurs*, Paris, Le Seuil, 1984.
2. George Orwell, *Mil neuf cent quatre-vingt-quatre* (1949), Paris, Folio, 2020.

la langue destinée à rendre impossible l'expression des idées potentiellement subversives et à éviter toute formulation de critique de l'État[1].

Parler la novlangue dans l'Océania entraîne une censure de la perception du réel, notamment par l'inversion des valeurs, c'est-à-dire en présentant le bien comme le mal et inversement : par exemple, « la guerre c'est la paix » ou « la liberté c'est l'esclavage ». La novlangue limite également toute pensée contradictoire en interdisant de prononcer certains mots et même d'avoir certaines pensées dissidentes. Par l'intermédiaire du « ministère de la Vérité », la novlangue rééduque le peuple, par la pensée magique des mots : ici dire devient la vérité car dire agit sur les visions du monde des personnes.

Anticipation et réalités

Les sociétés occidentales disposent aussi de leur propre novlangue, du moins c'est ce que de nombreuses productions académiques, littéraires et journalistiques laissent penser. Toutes les instances de la créatocratie – politique, entreprises, médias, médecine, etc.[2] – parlent, aujourd'hui, une novlangue.

---

1. https://www.franceculture.fr/emissions/avoir-raison-avec-george-orwell
2. Je pense, par exemple, à l'ouvrage de la socio-anthropologue française Agnès Vandevelde-Rougale *La Novlangue managériale* (Paris, Érès, 2017), et à celui du sociologue français Alain Bihr. *La Novlangue néolibérale. La rhétorique du fétichisme capitaliste* (Paris, Syllepse, 2017).

En créatocratie, les médias, par l'intermédiaire des nouveaux sauvages, officient de manière similaire au « ministère de la Vérité » de l'Océania : ils acclimatent les citoyens au capitalisme responsable afin de faire d'eux des consommateurs responsables, dans l'espoir qu'émerge une société nouvelle, composée uniquement d'humains créatiques. C'est le principe de la créavolution par le langage.

Pour le sociologue français Alain Bihr, le discours de nos sociétés occidentales n'offre que peu d'alternatives à la population. Le capitalisme est une réalité présentée non seulement comme le seul monde possible mais également le meilleur des mondes[1]. En créatocratie, la population se retrouve ainsi piégée par le langage ordinaire : apologie de la liberté individuelle et de la propriété privée, exaltation de l'insécurité sociale, fétichisme du marché, etc.[2] Je retiens tout particulièrement deux mots qu'Alain Bihr analyse par le prisme de la novlangue orwellienne et qui, d'après moi, représentent le socle idéologique sur lequel s'appuie la créavolution par le langage en créatocratie : le capital humain et la liberté.

D'un côté, le terme de « capital humain » permet de légitimer l'inhumanité du capitalisme à l'échelle individuelle. Le « capital humain » donne une valeur à chaque personne, par la quantification de ses potentialités à accumuler des richesses, et ce, en s'appuyant sur un ensemble de critères

1. Alain Bihr, *La Novlangue néolibérale, op. cit.*
2. *Ibid.*

(facultés physiques, morales, intellectuelles, relationnelles, esthétiques, etc.). Chaque personne devient alors une marchandise comme une autre, responsable de sa valeur sur le marché. Autrement dit, une personne au chômage ne peut s'en prendre qu'à elle-même, car elle n'est pas parvenue à se vendre correctement. De ce fait, le « capital humain » dissout tous les rapports sociaux et les déterminismes culturels au profit d'une légitimation de la domination de certains sur d'autres, car mieux armés en capitaux humains.

En créatocratie, le « capital humain » regroupe plusieurs notions, comme celle de la culture de l'inventivité et du capital responsable. Le capital humain créatocratique permet de justifier la position dominante des nouveaux sauvages dans la société, et légitime par la même occasion les nouveaux critères de réussite culturelle, donnant ainsi un cap à suivre aux enfants gâtés et au reste de la population.

De l'autre côté, la liberté devient un moyen de mieux contrôler la population. Comme Alain Bihr l'explique, nos sociétés occidentales identifient trois niveaux de liberté : économique, politique et idéologique. Ces libertés représentent des contre-utopies, où la liberté économique devient une injonction collective à perdre la maîtrise de son capital humain, par la libre circulation de la force de travail de chacun. La liberté politique, elle, condamne chaque personne à se placer sous la dépendance d'une instance étatique qui la domine, et par extension à restreindre ses libertés individuelles en se soumettant à cette instance. Enfin, et comme pour le capital humain, la liberté idéologique valorise les choix individuels qui sont en réalité imposés par nos conditions sociales d'existence, c'est-à-dire en fonction de notre position dans le corps social.

En créatocratie, l'illusion de la liberté a des accents de progressisme : au nom de la liberté et pour que les générations futures vivent sur une planète en bonne santé, l'autoritarisme est toléré et même plébiscité, comme l'a par exemple illustré la politique vaccinale de la France. Pour les générations actuelles, la liberté est une injonction à suivre les dogmes du capitalisme responsable, où le conte merveilleux des enfants gâtés devient une ode libérale-libertaire mondialisée.

L'ÈRE DU *NEW NORMAL*

La créavolution, c'est une guerre culturelle par les mots qui dispose de sa propre novlangue, afin d'amener la population à s'auto-persuader que le *new normal* est une avancée sociétale et non une régression culturelle.

Le *new normal* peut se définir comme une nouvelle normalité, au sein de laquelle une société s'installe, à la suite d'une crise (sociale, économique, politique, sanitaire, environnementale). Cette nouvelle normalité diffère, de fait, de la situation qui prévalait avant le début de la crise. En créatocratie le *new normal* est avant tout un jeu de langage : pour l'oligarchie il définit les ajustements nécessaires à mettre en place afin d'assurer la stabilité du système. À l'inverse, pour la population, le *new normal* représente la capacité à faire preuve de résilience et à s'adapter aux changements nécessaires pour accompagner la transition éco-environnementale.

La flexibilité, nouvelle stabilité

Si nous étions dans l'Océania et non en créatocratie, George Orwell pourrait dire, au sujet de la flexibilité : « la flexibilité est la nouvelle stabilité ». La flexibilité va de pair avec l'instabilité structurelle du capitalisme. Elle devient donc un prérequis pour chaque personne qui souhaite participer à la vie collective de la créatocratie.

Le capitalisme, comme nous l'avons vu précédemment, s'adapte très bien aux changements culturels, et c'est même sa principale force : il a su capter les soubresauts des révoltes contre-culturelles du siècle dernier pour s'acclimater aux nouvelles attentes de la société ; et au XXIe siècle, il s'est mué en capitalisme responsable pour coïncider avec les nouvelles injonctions culturelles et environnementales. La flexibilité est une vertu positive en créatocratie qui permet de légitimer non seulement le changement, mais également la précarisation d'une partie de la population dans ce changement permanent.

La flexibilité devient même un gage de survie à mesure qu'une personne se précarise : je pense notamment à tous les emplois « plateformisés », c'est-à-dire assujettis à l'ubérisation de la société, et aux entrepreneurs. Créer sa start-up est un rêve séduisant qui actualise le mythe californien du héros-entrepreneur qui veut rendre le monde meilleur : ce mythe raconte l'histoire d'une personne ordinaire, c'est-à-dire une personne qui porte un jean et des baskets, qui appartient le plus souvent à l'ethnie *normcore* et qui, grâce à une idée brillante qu'elle a eue en bidouillant dans son garage, va sauver le monde. Du moins, si elle ne parvient pas à sauver le monde, elle va le rendre meilleur, et devenir très riche par la même occasion.

D'un point de vue anthropologique, on peut même considérer ce mythe comme une variante du conte merveilleux des enfants gâtés : ici la quête du héros-entrepreneur est de parvenir à réaliser une levée de fonds (de quelques milliers à plusieurs millions d'euros) afin d'avoir une réussite socio-professionnelle fulgurante, à l'image de certaines licornes françaises comme BlaBlaCar, Deezer, Doctolib, Meero, OVH ou encore Veepee. La flexibilité devient un sacrifice que l'on fait volontiers, une nouvelle forme de servitude volontaire[1], afin d'espérer réussir la quête du héros-entrepreneur.

Comme j'ai pu l'observer à de nombreuses reprises en créatocratie, peu importe que l'activité entrepreneuriale ne soit pas rentable, qu'elle ne permette

1. « La servitude volontaire serait ainsi la manifestation ou le symptôme d'une transgression des limites de la distinction entre le malheur d'une soumission imposée de l'extérieur et le vice d'un assujettissement volontaire, consenti dans le for intérieur à défaut de désirer la liberté », Éric Hamraoui, « Servitude volontaire : l'analyse philosophique peut-elle éclairer la recherche pratique du clinicien ? », *Travailler*, 2005, n° 1.

pas de générer de salaire pour son fondateur, ou encore qu'elle nécessite de travailler non-stop au détriment de sa santé : car l'espoir, ça n'a pas de prix. Mais, comme l'explique le sociologue français Michel Villette, l'échec peut être très violent pour les personnes qui ne parviennent pas à réussir dans la quête du héros-entrepreneur, car « l'échec sera alors la marque de leur insuffisance, et la réussite de quelques-uns sera la preuve qu'ils auraient pu y arriver[1] ».

Autrement dit, exiger la flexibilité de toute la population de créatocratie, tout en faisant l'apologie du changement, notamment par l'hybridation du travail, c'est exiger que tout le monde se plie à l'inflexibilité du système.

Les nouveaux *golden boys* du capitalisme responsable

Bien que la sobriété soit un signe de distinction sociale, les nouveaux sauvages et certains enfants gâtés souhaitent s'enrichir en toute quiétude, et même avoir la bénédiction de la population. L'une des manières d'y parvenir s'apparente à ce que George Orwell appelle la « double pensée ». Dans *1984*, la « double pensée » représente la capacité à accepter simultanément deux points de vue opposés et ainsi annihiler tout esprit critique.

---

1. https://theconversation.com/la-start-up-nation-un-symptome-mais-de-quoi-105599

J'ai notamment étudié le frugalisme, un concept créatocratique qui illustre la « double pensée » orwellienne. À l'origine, le frugalisme est dérivé de l'adjectif masculin frugal (du latin *frugalis*) et désigne un mode de vie sobre où la tempérance va régir les choix de consommation quotidienne. Ce terme est généralement utilisé pour qualifier le mode de vie d'une personne qui se nourrit de peu et qui vit d'une manière simple.

En créatocratie, le frugalisme a une tout autre définition. Il désigne un mode de vie qui consiste à économiser sans se priver, tout en faisant des investissements afin de pouvoir prendre sa retraite anticipée le plus vite possible[1]. L'objectif des personnes qui se revendiquent frugalistes est de ne plus dépendre de leur salaire et d'atteindre la liberté et l'indépendance financière sans pour autant trop se restreindre.

Bien qu'on ne parvienne pas à identifier l'origine de la récupération du terme frugalisme pour décrire des personnes qui souhaitent arrêter de travailler, il n'en demeure pas moins que cette quête de liberté et d'indépendance financière ressemble à s'y méprendre à la définition que l'on pouvait faire d'un rentier au XXe siècle.

Un rentier désigne une personne qui perçoit une ou des rentes, c'est-à-dire qui vit sans travailler, de ses seuls revenus issus de l'immobilier ou de la spéculation (cryptomonnaies, actions en

---

1. https://www.lefrugalisme.com

Bourse...). En créatocratie, le frugaliste jouit d'une rente dite de « situation », c'est-à-dire qu'il va percevoir régulièrement les fruits financiers de ses investissements : ses rentrées d'argent vont venir se substituer au salaire qu'il touchait avant d'atteindre son indépendance financière.

Parvenir à arrêter de travailler s'apparente à une variante du conte merveilleux des enfants gâtés : le héros-frugaliste représente alors un personnage qui souhaite s'émanciper du système de production de nos sociétés occidentales. Pour y parvenir, des frugalistes aguerris vont lui donner de nombreux conseils pour l'accompagner dans cette quête. Que ce soit des conférences, des livres, des sites internet et même du coaching : tout est pensé pour que chaque personne qui souhaite arrêter de travailler puisse le faire en créatocratie.

Le frugalisme est un marché à part entière en créatocratie. Outre-Atlantique, on parle du mouvement Fire (acronyme anglais pour « indépendance financière, retraite anticipée »), plutôt que du terme de frugalisme pour décrire ce phénomène ; où banques et assurances proposent des offres spécifiques à destination des frugalistes.

Les observations anthropologiques que j'ai pu faire à ce sujet m'ont permis d'identifier une réalité plus contrastée[1]. Le frugalisme représente un idéal de vie à atteindre en créatocratie qui semble accessible à tous, mais seulement en apparence.

1. https://theconversation.com/la-tentation-du-frugalisme-103477

Beaucoup d'enfants gâtés s'engagent dans la quête du héros-frugaliste, mais très peu parviennent à atteindre leurs objectifs.

Les aspirants frugalistes prennent exemple sur des nouveaux sauvages médiatiques, qui mettent en scène leur épanouissement personnel et social, grâce à l'indépendance financière. Ces nouveaux sauvages, quelle que soit l'ethnie culturelle à laquelle ils appartiennent, sous-estiment l'importance des capitaux culturels dont ils disposent initialement et qui leur permet de réussir leur quête, comme avoir un salaire mensuel conséquent, être diplômé d'une formation supérieure qui apprend à comprendre les rouages de la finance, disposer d'un réseau qui accompagne la personne dans ce projet de vie, être un héritier ou *a minima* avoir papa-maman derrière au cas où les choses tourneraient mal, etc.

Devenir frugaliste ne s'improvise pas et prend du temps. À travers les récits de vie que m'ont livrés les frugalistes de la créatocratie que j'ai rencontrés en France, en Suisse, à Malte, en Israël et en Thaïlande, j'ai pu identifier un processus en quatre étapes qui semble immuable :

– Étape 1 : entrée dans le monde professionnel (vers 20 ans) ;

– Étape 2 : accumulation d'actifs et volonté de se créer une nouvelle réalité (de 20 à 30 ans) ;

– Étape 3 : départ volontaire en retraite anticipée (aux alentours de 35 ans) ;

– Étape 4 : pérennité du nouveau mode de vie (40 ans et plus).

Les frugalistes font le choix d'inscrire leur parcours professionnel non plus dans une stratégie carriériste (long terme), mais dans une accumulation de capitaux (court terme) qui va leur permettre de développer des projets de vie non contraints par l'argent (long terme), où leurs rentes représentent un amortisseur culturel qui leur assure de maintenir leur position dominante dans le corps social.

Alors que certains voient dans l'hypermodernisme ou le postmodernisme une diminution de la confiance envers les systèmes abstraits (règles, institutions) au profit de la construction d'un soi émotionnel[1], les frugalistes prouvent le contraire. Ils se sont réapproprié les dogmes du capitalisme responsable afin de redéfinir les contours de la réussite sociale et culturelle. Et les frugalistes ne sont pas les seuls : tous ceux qui participent au fonctionnement des rouages capitalistiques, notamment en faisant preuve de flexibilité, par exemple en acceptant l'hybridation de leurs conditions de travail, continuent aussi à croire au système ; ou du moins, à en accepter les règles.

Quoi qu'il en soit, en créatocratie, les frugalistes semblent avoir réussi le tour de force d'ériger

1. Gilles Lipovetsky, *L'Ère du vide*, Paris, Gallimard, 1989.

en réussite sociale le fait de faire des économies et de capitaliser sur les ressources financières et sociales dont ils disposent afin de pouvoir vivre sans travailler : la figure de l'homme d'affaires des années 1990 décrit par le sociologue français Alain Ehrenberg[1] s'est transformée en celle d'un héros-frugaliste, nouveau *golden boy* du capitalisme responsable.

1. Alain Ehrenberg, *Le Culte de la performance* (1991), Paris, Calmann-Lévy, 2014.

LE RÊVE EST LA RÉALITÉ DE L'INVOLUTION CULTURELLE

Chaque époque et chaque société disposent de leurs propres modes narratifs qui influencent tant les récits collectifs que les rêves d'une population. En créatocratie, l'involution culturelle produit des images et des territoires oniriques qui agissent sur la perception de la réalité qu'a la population. En période de changements culturels, l'imagination créative permet la circulation des préceptes de la pensée magique de l'énergie.

L'imagination créatrice devient, dès lors, une arme politique à part entière : les récits se politisent et les stratégies géopolitiques des institutions s'appuient sur la création et la diffusion de récits pour faire passer leurs idéaux politico-économiques. Les images et les territoires oniriques qui sont diffusés, au sein par exemple de certaines œuvres de fiction à destination des enfants gâtés, permettent de formater les esprits.

Chaque personne est érigée au rang de héros ordinaire, qu'elle soit un consommateur, un entrepreneur, un frugaliste ou même un artiste, comme nous allons le voir dans ce chapitre, afin qu'elle adhère le mieux possible au dessein de l'oligarchie politico-économique.

L'involution culturelle consiste alors à donner l'illusion, notamment aux enfants gâtés, qu'ils prennent part, voire qu'ils sont les principaux protagonistes d'un changement culturel positif au sein de nos sociétés occidentales. Pour y parvenir, la créatocratie mobilise les arts, la high-tech et la fiction comme moyens et comme fins : la mise en scène d'un homme ordinaire qui se convertit en super-héros grâce à la pensée magique de l'énergie devient la nouvelle histoire politique à laquelle adhèrent nouveaux sauvages et enfants gâtés.

IL ÉTAIT UNE FOIS…

Le héros doté de pouvoirs supérieurs à ceux du commun des mortels est une constante de l'imaginaire populaire. Le héros positif doit incarner, au-delà du concevable, les exigences de puissance que le citoyen commun nourrit sans pouvoir les satisfaire. Il permet la mise en perspective des contradictions de la société, tout en mettant à la disposition de la société un catalogue de solutions consolatoires.

En créatocratie, l'enfant gâté est considéré comme un héros potentiel dans la masse, il est contraint à un exploit qui le grandit, et par lequel il sera le héros de la vie postmoderne et de la transition éco-environnementale. Pour qu'une personne s'identifie à un héros, il doit représenter les traits archétypaux de la réussite attribués aux nouveaux sauvages de la créatocratie.

C'est pour cela que les personnages du conte merveilleux des enfants gâtés (héros-consommateur, héros-entrepreneur, héros-frugaliste, héros-artiste) ne sont pas seulement des humains faits de chair et d'os, ils sont également constitués de « bouts de poussières numériques[1] » qui imprègnent tout leur être, dus à leur hyperconnection : les traces qu'ils laissent sur leur passage lorsqu'ils utilisent leur smartphone ou lorsqu'ils se connectent à un réseau social ou à une plateforme culturelle numérique les relient aux autres et au monde ; pour le meilleur (utopie numérique) et pour le pire (avec le capitalisme de surveillance[2]).

---

1. Expression utilisée par Fred Turner dans Fred Turner, *L'Usage de l'art. De Burning Man à Facebook, art, technologie et management dans la Silicon Valley*, Caen, C&F Éditions, 2020.
2. C'est à la professeure émérite de la Harvard Business School Shoshana Zuboff que l'on doit la notion de capitalisme de surveillance, qui décrit l'un des principes fondamentaux sur lequel repose l'utilisation d'Internet, et notamment la gratuité de nombres de services en ligne : extraire les données personnelles et vendre aux annonceurs des prédictions sur le comportement des utilisateurs. Shoshana Zuboff, *L'Âge du capitalisme de surveillance* (2018), Paris, Zulma, 2022.

Célébrations

Les DAN (acronyme de Disney, Amazon, Netflix) et les Gafam (acronyme de Google, Apple, Facebook, Amazon et Microsoft), qui comptent dans leurs rangs nombre de nouveaux sauvages, ingénieurs ou chercheurs, mettent en place des stratégies managériales et éditoriales à destination majoritairement des enfants gâtés, afin d'asseoir leur hégémonie tant culturelle que politique. Ils souhaitent à tout prix faire oublier, à leurs salariés comme à leurs utilisateurs, ce qu'ils font des données qu'ils récoltent et surtout, de manière insidieuse, faire adhérer les personnes à leurs stratégies économique et politique.

Le philosophe et théoricien politique italien Antonio Gramsci ne dissocie jamais le culturel du politique, car selon lui le culturel peut mener jusqu'à l'activité pratique et collective[1]. Or c'est exactement ce qui se passe en créatocratie : l'imagination créatrice permet l'émergence d'un nouveau héros, le héros-artiste. Les DAN et les Gafam prônent l'émancipation culturelle des enfants gâtés, grâce au potentiel créatif de chaque personne, qui en embrassant leur politique s'émancipe des États et des institutions.

Le héros-artiste a toutes les caractéristiques sociologiques de l'enfant gâté. Lorsqu'il est un employé des DAN ou des Gafam, il est persuadé de faire le

1. George Hoare et Nathan Sperber, *Introduction à Antonio Gramsci*, Paris, La Découverte, 2019.

bien. La technologie devient un langage commun et la créativité individuelle, à travers la conception et l'élaboration de nouvelles machines, devient une opportunité de changer le monde : l'ingénieur et l'informaticien deviennent les artistes de la créatocratie. D'ailleurs, l'art est omniprésent dans la Silicon Valley, il permet de célébrer les valeurs des ingénieurs et des informaticiens, il est un marqueur social de statut individuel[1]. L'art permet de réinterpréter le travail comme une forme de réalisation créative de soi.

Par exemple, le Burning Man, un grand rassemblement qui se tient chaque année pendant neuf jours dans le désert de Black Rock dans le Nevada, illustre les liens d'interdépendance qui unissent l'industrie high-tech et l'art. Il ne s'agit pas d'un simple festival, mais plutôt de la création d'une ville utopique temporaire, qui attire des nouveaux sauvages et des enfants gâtés du monde entier : plusieurs milliers de personnes viennent célébrer la création artistique. L'un des principes forts de ce rassemblement est l'écologie. Toutes les créations artistiques sont faites à partir de matériaux de récupération, et les participants ne doivent laisser aucune trace de leur passage à la fin des neuf jours. La veille de la fin de l'événement, telle une fête païenne, un mannequin géant, « The Man », est brûlé.

Pour le professeur en sciences de la communication de l'Université de Stanford Fred Turner,

---

1. Fred Turner, *op. cit.*

le Burning Man est une extension de la réalité construite par l'oligarchie politico-économique. Cet événement permet de façonner un monde privatisé, axé sur des projets et régulé par la surveillance mutuelle, l'expression de soi et la représentation théâtrale de l'identité[1]. Un monde dans lequel il n'y a plus de distinction entre la vie de tous les jours et le travail, un monde dans lequel tout le monde peut être soi-même, à condition d'être créatif, nouvelle condition *sine qua non* pour bien faire son travail. Bref, un ersatz de biotope naturel pour enfants gâtés qui reproduit les structures culturelles de la créatocratie.

Cette célébration commune de la créativité permet de libérer l'imagination créatrice du héros-artiste, mais également de créer des environnements symboliques délimités, imitant la vie publique et représentant des réservoirs potentiels d'innovation, tout en se proposant de se substituer au chaos de notre époque. L'usage de l'art permet ainsi de brouiller les frontières entre ce qui est public, c'est-à-dire la sphère sociale, et l'espace privé de l'entreprise, afin d'encourager les employés à voir celle-ci comme une communauté célébrant les dogmes du capitalisme responsable.

Alors qu'au Burning Man c'est l'utopie numérique qui devient réalité, au sein de l'entreprise Facebook, les héros-artistes, eux, sont immergés dans une ambiance progressiste (œuvres artistiques et portraits de militants sont omniprésents

1. *Ibid.*

dans les locaux de l'entreprise) qui est revendiquée comme politiquement neutre, afin d'amener les collaborateurs à créer une nouvelle réalité, c'est-à-dire de rendre réelle cette utopie numérique.

Dans le hall du siège de Facebook est visible aux yeux de tous un poster qui sensibilise tout le monde à l'importance de prendre soin des minorités – sur ce poster, il est écrit : « musulmans, noirs, femmes et minorités de genre, queer latex, autochtones, immigrants, racisés, trans, handicapés, incarcérés, LGBTQ+[1] » – mais également de ses « ami.e.s », de sa famille et de sa communauté. Tout est fait, d'après Fred Turner, pour que les personnes qui travaillent chez Facebook ne se voient pas comme « les architectes d'un appareil de surveillance mondial, mais en tant qu'artistes techniques créatifs, et peut-être même comme les créateurs d'une nouvelle démocratie expressive centrée sur l'individu[2] ».

Tout est également fait pour que les héros-artistes perçoivent de manière positive l'instabilité. Cette valorisation culturelle de la précarité est un héritage contre-culturel du siècle dernier, mais fait également référence aux caractéristiques que l'on attribue traditionnellement à la figure de l'artiste : un personnage que la pauvreté n'effraie pas, un personnage qui est prêt à tous les sacrifices pour vivre de son art, de sa passion, et un personnage

1. *Ibid.*
2. *Ibid.*

qui cultive le rêve de devenir célèbre et riche grâce à son art.

En érigeant la figure du héros-artiste comme idéal culturel à atteindre, les relations contractuelles qui unissent les enfants gâtés et leur employeur s'effacent, au profit d'un projet culturel de grande envergure censé rendre le monde meilleur. Et surtout, offrir beaucoup plus d'influence aux DAN ou aux Gafam.

Par exemple, l'entreprise Netflix valorise la figure du héros-artiste, ce qui lui permet de légitimer des politiques managériales qui induisent l'insécurité psychologique et favorisent la productivité de ses collaborateurs, comme l'explique l'enseignante à l'Insead Erin Meyer[1]. Le co-créateur de Netflix Reed Hastings érige le « talent » comme caractéristique essentielle de toute personne qui travaille dans son entreprise : ainsi, toute personne qui ne produit pas des résultats jugés suffisamment « extraordinaires » est licenciée[2]. Une bonne tactique pour amener les collaborateurs à se dépasser afin de conserver leur emploi.

Politisation

Lorsqu'il est un utilisateur ou un spectateur, le héros-artiste est immergé dans un univers *onimérique* (contraction de « onirique » et de « numérique »).

1. Reed Hastings et Erin Meyer, *No Rules Rules. Netflix and the Culture of Reinvention*, Londres, Virgin Books, 2020.
2. *Ibid.*

Il accepte, de manière plus ou moins consciente en fonction des personnes, de céder ses données (personnelles, technologiques) à la créatocratie, afin de bénéficier d'une expérience de navigation ou de visionnage optimale.

Les DAN proposent un univers *onimérique* qui diffuse les dogmes du capitalisme responsable à travers deux axes principaux. Le premier met en scène le « mal » politique de notre époque, qui s'incarne à travers la figure détestée du « populiste » (*Leila* pour l'Inde, *Bir Baskadir* pour la Turquie, *Jinn* pour la Jordanie, *Years and Years* pour l'Europe nationaliste, *Occupied* pour la Russie) dont l'égérie pourrait être l'ancien président des États-Unis Donald Trump. Le second concerne la promotion du *wokisme* et de la *cancel culture*[1] à travers l'apologie des valeurs progressistes de la créatocratie : les discriminations sont dénoncées et les minorités sont encouragées à se faire entendre (*I May Destroy You, Little Fires Everywhere, Mrs. Maisel, Pose, Orange Is the New Black, Maid, It's a Sin*).

Par exemple, les programmes originaux de Netflix prônent majoritairement la tolérance par l'intermédiaire de valeurs progressistes. La justice sociale est un sujet fort : le protagoniste est généralement issu des minorités (femme, noir, homosexuel, etc.) et l'effet de ces programmes est cathartique. Il met en tension un thème fantasmé par une population et l'intègre au sein d'un univers

---

1. Culture de l'effacement en français.

réel, proche des routines quotidiennes du spectateur. Cette stratégie éditoriale va être réceptionnée et interprétée comme une utopie par le spectateur, lui permettant d'expérimenter un ensemble de réalités et de potentialités à travers les luttes qui sont mises en scène.

Grâce à la figure du héros-artiste, les DAN peuvent ériger au rang de vérité apolitique des idées, bien politiques, créées de toutes pièces par l'oligarchie politico-économique de la créatocratie.

La justice sociale, thème majeur du capitalisme responsable car jugé important tant par les progressistes, les réac-progressistes que par les populo-progressistes, peut être considérée comme une légende urbaine. Les légendes urbaines ont une fonction socio-culturelle primordiale en créatocratie. Elles permettent d'évoquer directement ou indirectement un problème social, de délivrer un message moral, ou même de prévenir le danger.

Comme l'illustre la visualisation ci-contre, l'étude de la structure narrative[1] de cette légende urbaine met en tension les valeurs progressistes et l'utopie numérique valorisées par la créatocratie au prisme des répercussions culturelles de la justice sociale : valeurs progressistes / culture de l'effacement ; utopie numérique / soft power.

---

1. Cette visualisation reprend une méthodologie présentée dans l'ouvrage *Sociologie de l'imaginaire* de Patrick Legros, Frédéric Monneyron, Jean-Bruno Renard et Patrick Tacussel (Paris, Armand Colin, 2006).

LA LÉGENDE CRÉATOCRATIQUE DE LA JUSTICE SOCIALE

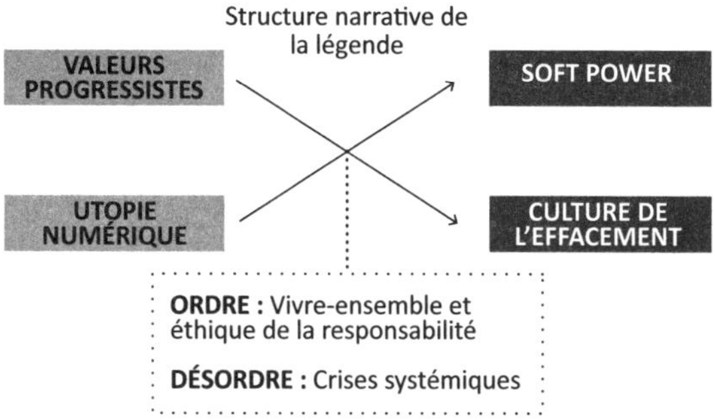

La justice sociale devient, pour les enfants gâtés, la promesse d'un vivre-ensemble paisible où l'idéologie de la socio-éco-responsabilité se ferait l'avatar d'un état policier rose, à l'image du maintien de l'ordre dans la dystopie *Le Meilleur des mondes* d'Aldous Huxley[1]. Par exemple, comme la créatocratie n'impose pas encore la surveillance technologique, c'est mieux qu'elle soit accueillie par la population comme une aide bienveillante, qui facilite la vie au quotidien. Une aide qui permettra, à terme, de prévenir les conduites malveillantes, c'est-à-dire non socio-éco-responsables, non loin du principe du crédit social mis en place en Chine.

La légende urbaine de la justice sociale peut avoir différentes lectures. Une lecture qui se veut tout d'abord positive en créatocratie : l'humain créatique représente chaque personne qui a appris

1. Aldous Huxley, *Le Meilleur des mondes* (1932), Paris, Plon, 2013.

à aimer Big Brother, et qui n'hésite pas à diaboliser toute personne qui ne partage pas les mêmes valeurs, et ce, pour la bonne cause. Et une lecture négative qui, elle, s'appuie sur les travaux de l'anthropologue français René Girard, et qui explique que les victimes tendent à devenir des bourreaux, quand le souci de justice se transforme en injonction totalitaire[1] (lynchages médiatiques, contradicteurs érigés au rang d'ennemis). La meilleure illustration de ceci réside sans nul doute dans les dérives, présentées comme fanatiques par la presse, qui ont eu lieu à Evergreen State College aux États-Unis. Cette université publique d'arts libéraux a défrayé la chronique en 2017.

Depuis les années 1970, l'ensemble du projet éducatif d'Evergreen State College mettait en avant l'inclusion des minorités ethniques et sexuelles, en plaçant l'équité (et non l'égalité, car jugée pas assez équitable) comme valeur centrale de l'université. Par exemple, jusqu'en 2017, l'école a instauré le *Day of Absence* : durant toute une journée du mois d'avril, les membres du corps professoral et les étudiants issus de minorités ethniques restaient volontairement à l'extérieur du campus pour sensibiliser le public aux contributions des minorités et pour discuter de questions raciales.

Tout bascule en 2017, lorsqu'un enseignant juge les nouvelles directives du *Day of Absence* racistes envers la « majorité silencieuse », c'est-à-dire envers

---

1. René Girard, *Je vois Satan tomber comme l'éclair* (1999), Paris, Grasset, 2014.

les Blancs. Il s'oppose à la volonté de l'établissement scolaire qui souhaite que ce ne soient plus les étudiants des minorités ethniques qui soient absents durant cette journée, mais ceux de la « majorité silencieuse ». S'ensuit une vague d'agressions, d'humiliations, d'arrestations et de manifestations, où tout le monde s'affronte pour faire valoir ses idées, c'est-à-dire tant les minorités ethniques que la « majorité silencieuse ».

En 2018, Evergreen State College figurait parmi les pires universités du pays en ce qui concerne la liberté d'expression selon *The Stranger*, un hebdomadaire culturel de Seattle[1]. La presse de droite comme de gauche a condamné l'Evergreen State College en dénonçant une forme extrême de politiquement correct, n'hésitant pas à qualifier ces manifestations de « vague de terreur anti-blancs » ou de « fanatisme progressiste ».

La fachosphère s'est emparée de ce fait divers, dénonçant les dérives des idéologies anti-racistes. D'autres mettent en avant la notion de « privilège blanc », une notion qui fait débat, notamment en France, au sein même des mouvements progressistes et antiracistes : le « privilège blanc » est le fait, pour toute personne blanche, d'avoir un capital préférentiel passif, dont elle jouit tout au long de sa vie, la plupart du temps sans s'en rendre compte. À l'inverse des minorités ethniques, une

1. https://archive.wikiwix.com/cache/index2.php?url=https%3A%2F%2Fwww.thestranger.com%2Fslog%2F2018%2F02%2F14%2F25815286%2Fevergreen-ranks-as-one-of-the-worst-colleges-in-the-us-for-free-speech#federation = archive.wikiwix.com

personne blanche ne souffre pas de discrimination à l'embauche ou au logement, par exemple, ou encore ne vit pas dans la peur d'un contrôle de police abusif.

Le « privilège blanc » nous amène vers une autre notion développée par la sociologue américaine Robin DiAngelo : celle de la « fragilité blanche ». Il s'agit d'un concept qui permet de mieux comprendre le rapport qu'entretiennent les Blancs avec le racisme. D'après Robin DiAngelo, la « charge raciale des Blancs » leur est invisible, c'est-à-dire qu'au sein des sociétés occidentales, les Blancs vivent dans un environnement qui les protège de tout stress lié à leur couleur de peau. Pour les personnes blanches, un minimum de stress racial devient intolérable, déclenchant des « mouvements de défense », comme la colère, la peur, la culpabilité, le silence, l'opposition ; ou encore, d'après elle, « le déni qui permet de détourner la conversation, empêchant d'identifier le racisme systémique qui persiste dans nos sociétés »[1].

Quoi qu'il se soit réellement passé lors de ces manifestations, il n'en demeure pas moins que c'est le manque de tolérance qui devient le trait d'union entre les revendications des différentes parties : ici l'équité conduit à de nouvelles formes de ségrégation, d'exclusion et de racisme.

---

1. Robin DiAngelo, *White Fragility : Why it's so Hard for White People To Talk About Racism*, New-York, Beacon Press, 2018.

Ces deux lectures possibles mettent en tension une grande dichotomie anthropologique, celle de l'ordre et du désordre[1]. Cette dernière ne doit pas être comprise dans son rapport à la norme (normalité / anormalité), mais comme une métaphore qui rend visible les processus de structuration et de changement engagés au sein de nos sociétés occidentales. Par exemple, que ce soit les progressistes ou les populistes, tous manœuvrent dans leurs intérêts, notamment en mobilisant le soft power pour parvenir à leurs fins.

Moralités utopiques

Ainsi, l'incarnation des valeurs progressistes de la créatocratie à travers notamment les stratégies de soft power produisent des images qui sont porteuses de croyances. Ces images imposent ce que j'appelle des moralités utopiques. Une moralité utopique représente le point de convergence, souvent antinomique, entre un discours idéologique (ici les luttes contemporaines) et l'imaginaire collectif qu'il produit.

En d'autres termes, une moralité utopique est un cadre de pensée qui, en induisant de nouvelles valeurs aux individus, ici celles de la créatocratie, produit une mise en scène et en pratique de la réalité sociale, la plupart du temps en contradiction avec les vertus que s'approprie la société et qui sont prônées par le capitalisme responsable.

---

1. Salvador Aguilar et Salvador Giner, *Ordre i desordre : manual d'estructura i canvi de les societats, dades, interpretacions, teories*, Barcelone, Hacer, 2001.

Citons quelques manifestations principales de moralités utopiques en créatocratie :

– Prôner le consommer moins équivaut à consommer différemment et souvent plus : arrêter d'acheter des plats industriels préparés et consommer de nouveaux loisirs avec l'argent économisé ; ou prendre moins les transports en commun qu'avant et utiliser davantage sa nouvelle voiture, si elle est électrique, afin d'amortir son coût d'achat.

– Prôner le progressisme équivaut dans certains cas à vouloir réécrire l'Histoire afin qu'elle soit davantage cohérente avec le nouveau système de valeurs dominant : des scènes de certains dessins animés classiques de Walt Disney sont censurées car jugées racistes (*Les Aristochats, La Belle et le Clochard*) ; ou encore une relecture féministe de *1984* de George Orwell, validée par ses héritiers, va bientôt paraitre.

– Prôner l'équité des genres engendre l'apparition de dérives idéologiques et la montée de nouvelles pensées radicales : les virilistes et les féministes extrémistes prônent la haine et la violence ; les Terf (acronyme de *Trans Exclusionary Radical Feminist*), décrites comme proche des mouvements conservateurs, excluent les femmes trans des luttes pour les droits des femmes ; ou le collectif Némésis, qualifié d'extrême droite par la presse, prône des idées anti-immigration et anti-islam.

– Prôner le respect de la condition animale crée de nouveaux clivages : les luttes contemporaines s'entrechoquent en raison des intérêts divergents qu'elles représentent. Par exemple, l'utilisation de la nudité du corps des femmes dans des actions antispécistes comme celles de l'ONG PETA est dénoncée par certaines féministes.

– Prôner l'équité des genres ou le respect de la condition animale induit de nouvelles violences : la défense de certaines valeurs sociétales semble pouvoir justifier le recours à la violence par ceux qui se revendiquent progressistes, voire ultra-progressistes. Par exemple, certaines femmes lesbiennes dénoncent les agressions qu'elles subissent de la part de femmes trans avec lesquelles elles refusent d'avoir des relations intimes, au sein même du mouvement LGBTQIAP+[1]. Autre exemple, les agressions et dégradations dont sont victimes les bouchers par certains militants antispécistes. En 2019, à Paris, une vingtaine de militants ont déversé des bouteilles de faux sang dans une boucherie bio.

Ce sont dans les espaces culturels produits par les moralités utopiques que le *faux pacte des enfants gâtés* se construit dans l'imaginaire de ceux qui croient au conte merveilleux promis par le capitalisme responsable.

---

1. Lesbien, Gay, Binaire, Transgenre, Queer, Intersexe, Asexuel, Pansexuel.

Les moralités utopiques permettent de donner une illusion de cohérence entre des pratiques et un discours antagonistes.

Mythème

Mon immersion auprès des nouveaux sauvages et la compréhension des us et coutumes des enfants gâtés au fil des années m'a permis d'identifier l'enchevêtrement narratif dans lequel ils sont englués. Certains participent à créer ces histoires, et d'autres se limitent à les diffuser, souvent sans même s'en rendre compte.

Ces récits créatocratiques plaisent à la population car ils permettent une identification rapide à la figure du héros. Les moralités utopiques, elles, vont permettre de mettre en action les enfants gâtés qui souhaitent entamer une quête vers la socio-éco-responsabilité. Ce voyage vers la responsabilité est séduisant, comme nous l'avons vu dans les chapitres précédents : il ouvre un champ des possibles fait de promesses et de récits collectifs progressistes. Pour les enfants gâtés, *l'humain créatique a le pouvoir de sauver le monde en se sauvant lui-même.*

Cette belle histoire, moins naïve qu'il n'y paraît au premier abord, représente le mythème du conte merveilleux des enfants gâtés, c'est-à-dire le mythe de la consommation responsable. Un mythème est un énoncé élémentaire constitutif d'un mythe (et/ou d'un conte), que l'on doit à l'anthropologue français Claude Lévi-Strauss.

Le mythème permet d'identifier la structure narrative sous-jacente à un mythe, mais surtout d'objectiver les enjeux sociaux et culturels que sous-tendent les différentes variations d'un mythe. Tout mythe est le reflet d'une époque, d'un contexte et d'un groupe social, il s'adapte pour mieux correspondre à ceux qui le racontent :

Variantes du conte merveilleux des enfants gâtés	Enjeux socio-culturels
Héros-consommateur	Processus de légitimation de l'hyperconsommation dite socio-éco-responsable.
Héros-entrepreneur	Processus de légitimation de la précarisation de l'emploi et de la permanence de la compétition socio-culturelle malgré la perte de vitesse du culte de la performance en Occident.
Héros-frugaliste	Processus de légitimation du système de reproduction des élites culturelles et de leur enrichissement, dans un contexte de valorisation de la sobriété comme signe de distinction sociale.
Héros-artiste	Processus de légitimation de la surveillance, et plus largement de la pensée magique de l'énergie, comme une étape nécessaire à l'avènement de l'utopie numérique.

Les quatre variantes du conte merveilleux des enfants gâtés présentées dans le tableau ci-dessus renvoient toutes à une même réalité : celle d'accepter de changer ses pratiques afin d'assurer la permanence capitalistique.

Ainsi, cette belle histoire, quelle que soit ses variantes, peut se résumer comme suit : il était une fois un humain ordinaire qui, par le pouvoir de son imagination et aidé par la pensée magique de l'énergie, pouvait créer un monde meilleur, un monde plus juste.

L'humain en question n'a pas besoin d'avoir de super-pouvoirs, comme Superman : avoir des aptitudes exceptionnelles (intelligence ou force hors norme, hypersensibilité, etc.) ou détenir des talents créatifs dignes du meilleur humain créatique suffisent.

RÊVE, RÉALITÉ, FICTION

L'anthropologue français Marc Augé, dans *La Guerre des rêves*[1], s'interroge sur le mélange des genres entre fiction et réalité, conduisant d'après lui au brouillage des frontières entre les trois piliers de l'imaginaire (le rêve, la réalité et la fiction). Pour Marc Augé, il apparaît nécessaire de résister à ce phénomène qu'il identifie comme une crise des imaginaires. Ce brouillage des frontières entraîne une confusion qui ferait peser une menace sur l'ordre social, et donc sur le lien social :

1. Marc Augé, *La Guerre des rêves. Exercices d'ethno-fiction*, Paris, Le Seuil, 2015.

chaque culture se devant d'instituer des frontières spécifiques entre le rêve, la réalité et la fiction.

En créatocratie, les DAN permettent aux États d'avoir une influence dans le monde entier à travers les programmes qu'ils imaginent et les idées qu'ils y véhiculent. Par exemple, la série sud-coréenne *Squid Game* (« Le jeu du calamar[1] ») met en scène un jeu grandeur nature où pour gagner il faut survivre : au fil des épreuves, inspirées du monde de l'enfance, les participants qui échouent sont exécutés de sang-froid par des organisateurs en combinaison rose fuchsia qui ne montrent jamais leur visage.

Squid Game est une allégorie qui dénonce les dérives du capitalisme, car il faut accepter de gagner par tous les moyens et donc de tuer, pour remporter une très grosse somme d'argent. *Squid Game* délivre un message universel qui séduit bien au-delà de la sphère sud-coréenne et qui engendre un engouement à l'étranger sans précédent pour le pays, conséquence d'une stratégie gouvernementale engagée depuis plus de deux décennies par le biais de son industrie culturelle.

D'après le politologue américain Joseph Nye, le soft power est en train de s'arsenaliser, et de muter en *sharp power*[2]. Le *sharp power* (ou « pouvoir tranchant ») caractérise la politique diplomatique

---

1. Disponible sur la plateforme culturelle Netflix.
2. Joseph Nye, « How Sharp Power Threatens Soft Power », *Foreign Affairs*, 2018, vol. 24.

manipulatrice d'un pays pour influencer et saper le système politique d'un pays cible. Pour illustrer ce phénomène, les experts relatent les tentatives de manipulation de l'opinion publique (par la menace, la manipulation ou les sanctions) en Chine, mais aussi à l'étranger, par le gouvernement de Pékin.

Culture de la réinvention

La plateforme culturelle Netflix excelle dans l'art de produire une confusion entre le rêve, la réalité et la fiction. Dans le cadre de la Marche des fiertés 2018 de Milan, Netflix a conçu spécialement pour l'événement une campagne publicitaire, renommée The Campaign That Doesn't Exist, dans laquelle nous pouvons lire, entre autres, « Nomi e Amanita non esistono » (« Nomi et Amanita n'existent pas[1] »). Elles représentent des personnages de la série *Sense8* formant un couple homosexuel[2].

Cette publicité peut être qualifiée d'interdiscours, c'est-à-dire qu'elle fait référence implicitement à un autre discours, celui du ministre italien de la Famille et des Handicaps en Italie qui avait déclaré, un mois plus tôt : « Les familles homosexuelles n'existent pas. » Cette stratégie de communication permet de tourner en dérision les propos du ministre, en s'appuyant sur des personnages fictifs, mais offre par la même occasion

1. https://www.behance.net/gallery/72257191/NETFLIX-%20Pride-2018-We-Are-Social
2. https://www.ilfattoquotidiano.it/2018/06/29/pride-milano-netflix-tappezza-la-metro-di-arcobaleni-e-i-pendolari-apprezzano-campagna-intelligente-che-critica-fontana/4460651/

une visibilité à la communauté LGBTQ+, tout en mettant en avant des programmes de la plateforme. Des programmes qui donnent l'impression aux enfants gâtés que Netflix participe à lutter pour les causes qu'ils défendent.

Netflix s'affiche comme une marque politique : elle est vectrice de sens, et elle représente la convergence et la dédifférenciation du politique et du consommable[1]. En tant que marque politique, elle s'érige au rang de médiateur culturel. Netflix se positionne au centre des préoccupations des nouveaux sauvages et des enfants gâtés, afin de mieux s'approprier les valeurs de ses utilisateurs.

En créatocratie, Netflix et plus largement les DAN font en sorte que les émotions priment sur la réflexion afin de maintenir les enfants gâtés dans un état d'esprit compatible avec les dogmes du capitalisme responsable. Cette campagne publicitaire témoigne d'une stratégie de déstabilisation bien rodée, en trois étapes, des enfants gâtés :

> – Étape 1 : rendre les enfants gâtés sensibles au capitalisme responsable et aux luttes progressistes qui y sont associées afin qu'ils se les approprient (le rêve) ;
>
> – Étape 2 : les séries télévisées exacerbent les luttes progressistes contemporaines, qui

1. Nicolas Baygert, « La marque politique : vecteur de sens et moteur d'engagement citoyen », *Communication & management*, 2013, vol. 10, n° 2.

sont mises en scène dans un univers visuel en cohérence avec l'esthétique culturelle de la créatocratie induisant, comme je l'ai abordé dans la partie précédente, une réflexion morale du spectateur (la fiction) ;

– Étape 3 : Netflix s'approprie les luttes contemporaines, ici d'inclusion et d'équité des genres, par l'intermédiaire de la fiction, et cela, dans le monde réel (la réalité).

La créavolution favorise une culture de la réinvention. En créatocratie, Netflix n'est pas perçue, à tort, comme l'une des responsables du brouillage des frontières entre les trois piliers de l'imaginaire, mais comme la solution aux maux culturels que ressentent, perçoivent ou vivent les enfants gâtés :

Piliers de l'imaginaire	Stratégies créavolutionnaires	Effets recherchés
Rêve	*Approprier*	Faire adhérer les enfants gâtés à l'utopie numérique.
Fiction	*Maintenir*	Maintenir l'état de sidération afin d'assurer la docilité des enfants gâtés et les amener à accepter la transition post-démocratique.
Réalité	*Consolider*	Rendre familier l'animisme industriel et assurer l'hégémonie culturelle de la pensée magique de l'énergie.

Les DAN ne sont pas les seuls à faire office d'intermédiaire entre le rêve et la réalité, les programmes d'*infotainment*[1] ou les chaînes d'information en continu fonctionnent de la même manière en créatocratie. Ils induisent un sentiment de *déjà-vu*, et de *déjà-connu* produit par le traitement récurrent des mêmes informations, et des mêmes thématiques progressistes du capitalisme responsable.

Cette récurrence permet aux enfants gâtés et au reste de la population de se familiariser, notamment, avec l'animisme industriel[2]. L'usage de la fiction permet également d'entretenir et de consolider les dogmes du capitalisme responsable qui légitiment les régimes autoritaires au sein desquels les populations occidentales sont enfermées chaque jour un peu plus.

Fables politiques

L'analyse des différentes formes d'expression de ce système de valeurs au sein des œuvres fictionnelles de la créatocratie permet aussi d'identifier les « trajets anthropologiques » de l'imaginaire. Pour le philosophe français Gilbert Durand, à l'origine de cette expression, l'imaginaire ne peut être pensé en opposition avec le réel, mais par un va-et-vient permanent entre le rêve et la réalité sociale et culturelle dans laquelle se situe une personne[3].

1. Comme *TPMP* ou *Quotidien* en France.
2. Voir plus haut, dans la deuxième partie de ce livre, le chapitre intitulé « La magie de la créativité ».
3. Gilbert Durand, *Les Structures anthropologiques de l'imaginaire* (1960), Paris, Armand Colin, 2021.

La fiction ne doit donc pas seulement être perçue comme un intermédiaire entre le rêve et la réalité, mais également comme un miroir sensible des peurs et des craintes des enfants gâtés. À l'inverse des « teen series » qui induisent, par l'émotion et par la réflexion morale, une autre perception du réel, et potentiellement mettent en action les spectateurs, il existe un autre genre de fictions qui produit un immobilisme social par la fascination culturelle qu'il induit.

La fable politique est généralement dystopique en créatocratie. La fable politique dénonce un pouvoir totalitaire ou une idéologie néfaste, représentant l'évolution potentielle, et souvent probable, d'une société vers le pire. La mise en fiction du politique permet d'interroger différemment la réalité d'une société, d'une époque. Lorsque la fable politique est positive, on parle d'utopie, un genre fictionnel minoritaire en créatocratie.

Les fables politiques à l'univers onimérique ont le vent en poupe en créatocratie. Cette esthétique, imaginée par des nouveaux sauvages et plébiscitée par les enfants gâtés, met en scène deux types de récits : ceux qui ont trait aux luttes contemporaines et ceux qui mettent en lumière les dérives futures du capitalisme responsable. Au premier abord, ces deux types de récits semblent dépeindre deux idéologies bien distinctes : l'une défend la créatocratie, et à l'inverse, l'autre l'accuse de tous les maux.

La fable politique représente, pour les enfants gâtés, une carte de compréhension de la réalité culturelle à laquelle ils appartiennent. Les DAN deviennent des réservoirs à diffusion, quasi illimités, d'idées politiques que les enfants gâtés doivent s'approprier. Comme les enfants gâtés ont soif de contestation, ils ont l'impression de développer leur esprit critique en s'abandonnant dans les méandres des intrigues de fables politiques qui mettent en scène une vie « plus juste » et plus « démocratique ». Les enfants gâtés cultivent une appétence pour l'utopie démocratique, ils veulent faire le Bien, comme le scandent les oligarques et les nouveaux sauvages lorsqu'ils valorisent la culture de la socio-éco-responsabilité.

Comme nous l'avons vu dans la première partie, le futur de nos sociétés occidentales est perçu comme négatif en créatocratie. Les enfants gâtés, notamment, sont très pessimistes. Pour se rapprocher de leur vision du monde, les fables politiques proposent un imaginaire de demain où les catastrophes sont légion (effondrement, guerre civile) dans des réalités de démesure technologique, de *low-tech* ou de la colonisation spatiale.

Les réponses que les DAN proposent aux enfants gâtés produisent un biais de confirmation qui valorise l'ego de ces derniers. Un biais de confirmation est un biais cognitif qui consiste à privilégier les informations confirmant une idée ou une hypothèse qui préexiste chez un sujet donné ; ou, *a minima*, à accorder moins de poids aux hypothèses et informations qui desservent ses croyances ou la cause qu'il défend.

En créatocratie, ce biais de confirmation induit une réticence de la part des enfants gâtés à changer d'avis : ils ont l'impression d'être dans la connivence, d'avoir décrypté les enjeux politico-économiques du moment, et surtout d'avoir compris ce qu'il est bien ou non de penser.

Flattés, car persuadés d'être dans le vrai, les enfants gâtés se contentent de visionner ces fables politiques sans interroger les enjeux et les stratégies politiques sous-jacentes des DAN et des créatocraties occidentales. Cette impression de fausse toute-puissance des enfants gâtés est entretenue par la symbolique simple et forte sur laquelle s'appuient les fables politiques qui rencontrent le plus de succès sur les DAN.

Les productions culturelles de ce type représentent de précieux matériaux ethnographiques, car elles permettent de brosser le diagramme des questions culturelles dominantes qui interpellent les enfants gâtés de la créatocratie : diversité et équité des genres (*Disclosure*), crise des identités (*Dear White People*), radicalités politiques (*The Politician*), surveillance généralisée (*Black Mirror*), tensions de classes sociales/tensions écologiques (*3 %*), intelligence artificielle, post et transhumanisme (*Better than Us*).

Les enfants gâtés m'ont en particulier parlé de trois œuvres fictionnelles : *Sense8*, *Black Mirror* et *Upload* ; chacune, à sa manière, fait la promotion de l'hégémonie culturelle de la créatocratie, en proposant différentes visions des futurs technologiques possibles. Ces trois visions du futur peuvent même être considérées comme les trois degrés d'acceptation de la technologie dans notre société, et même dans le devenir de notre humanité :

– Degré 1 : rencontrer la technologie et s'émerveiller de ses potentialités afin de *sublimer la technologie* ;

– Degré 2 : être effrayé par les potentialités qu'offrent la technologie et comprendre les dangers potentiels associés afin de *s'habituer à la technologie* ;

– Degré 3 : atteindre un nouveau stade de conscience et de développement de l'humanité grâce à la technologie qui promet l'*immortalité numérique*.

La série télévisée américaine *Sense8*[1] explore la politique, l'identité, la sexualité, le genre et la religion. L'histoire met en scène huit personnages principaux, répartis à travers le monde, et qui deviennent, du jour au lendemain, connectés sur les plans intellectuel, émotionnel et sensoriel. Ils se retrouvent capables de se voir, de se sentir, de s'entendre et de se parler comme s'ils étaient au même endroit, et peuvent ainsi accéder à l'intimité les uns des autres. *Sense8* interroge en premier lieu l'humanisme : huit personnes, huit histoires, huit cultures, une seule philosophie ; malgré des destins individuels uniques, ces huit personnes sont

1. Disponible sur Netflix.

connectées pour ne former qu'un seul et même destin collectif. En second lieu, *Sense8* interroge la place de la technologie dans nos vies et dans l'avenir d'un monde globalisé.

Les réalisatrices de cette série, les sœurs Wachowski, ont expliqué dans les médias que leur idée de départ était d'interroger les façons dont la technologie nous unit et nous divise simultanément. En interrogeant les liens entre l'empathie et l'évolution de l'humanité, *Sense8* s'illustre comme une allégorie de l'utopie numérique et des communautés virtuelles. Les capacités extrasensorielles dont disposent les huit personnages principaux promettent indirectement aux enfants gâtés qu'eux aussi, grâce à la pensée magique de l'énergie, pourront devenir des surhommes[1], ou des surfemmes.

La série anglaise *Black Mirror*[2] propose, elle, un tout autre univers. Même si les épisodes ne se suivent pas, tous sont liés par le thème de la dystopie technologique ; d'ailleurs, le titre *Black Mirror* fait directement référence aux écrans, omniprésents dans notre vie quotidienne, qui nous renvoient notre reflet. *Black Mirror* esquisse la société d'un futur proche, voire immédiat, en décrivant de manière épouvantable ce que nous vivons déjà. *Black Mirror* interroge les conséquences inattendues que pourraient avoir les nouvelles technologies, et surtout

1. Umberto Eco, *De Superman au surhomme* (1976), Paris, Grasset, 2014.
2. Disponible sur la plateforme culturelle Netflix.

leur influence sur la nature humaine de ses utilisateurs et inversement.

Black Mirror représente une hyperbole de l'impact social, économique, politique et culturel, c'est-à-dire anthropologique, de la quatrième révolution industrielle[1] sur notre vie, et même sur notre humanité. Chaque épisode peut être interprété comme une « bombe lancée contre notre existence apparemment normale, un dispositif visant à semer panique et angoisse dans notre quotidien et de ce qui est pour nous l'écoulement ordinaire du temps[2] ». *Black Mirror* propose un enchantement du désenchantement, les différents épisodes de la série permettent une nouvelle forme de contemplation du déclin[3].

En 2019, la campagne publicitaire de la cinquième saison de *Black Mirror* démontre que les intrigues des épisodes se rapprochent de plus en plus de la réalité : pour promouvoir la sortie de trois nouveaux épisodes, *Black Mirror* utilise des vrais titres de journaux. Des titres qui paraissent totalement insensés et irréels comme « Japon : il tombe

---

1. La quatrième révolution industrielle, entamée dans les années 1960, correspond au développement de la numérisation de l'information et de l'interconnectivité des appareils mobiles (l'intelligence artificielle, la robotique, l'Internet des objets, les véhicules autonomes, l'impression en 3D, les nanotechnologies, les biotechnologies, le stockage d'énergie, l'informatique quantique, etc.), qui doivent bouleverser, à terme, toute l'industrie des sociétés occidentales, mais également la manière de vivre, de travailler et de consommer de sa population.
2. Claudia Attimonelli et Vincenzo Susca, *Black Mirror et l'aurore numérique. Nos vies après l'humanisme*, Montréal, Liber, 2021.
3. *Ibid.*

amoureux d'une chanteuse virtuelle et finit par l'épouser » ou « Piratage, deux hackers réussissent à contrôler une arme à distance ».

Black Mirror, bien que dénonçant les dérives de la technologie, sert en définitive très bien les intérêts de la créatocratie : la série devient, pour les enfants gâtés, un compagnon dont on se méfie au début mais que l'on apprend très rapidement à apprécier, qui leur permet d'apprendre à vivre dans ce nouveau monde, et même à l'accepter.

Une autre série télévisée américaine, *Upload*[1], va encore plus loin en explorant la transgression des frontières entre la vie et la mort, entre la vie physique et la vie virtuelle, entre l'humain et la nature. L'intrigue se déroule dans un futur proche où les humains sont capables de se téléverser[2] dans un monde virtuel pour survivre à la mort. La saison 1 suit les péripéties d'un programmeur d'applications, Nathan Brown, qui meurt mais est maintenu en vie après que sa conscience a été téléchargée dans un monde virtuel fictif, où existent d'autres êtres humains décédés, sous forme d'avatars.

Upload propose une réflexion sur les dilemmes moraux et éthiques qu'engendrent la mort et le deuil dans une société où la technologie permet de faire survivre la conscience dans une réalité virtuelle lorsque l'enveloppe charnelle d'une personne

1. Disponible sur la plateforme culturelle Prime.
2. Le téléversement renvoie au fait de transmettre des données de votre ordinateur vers Internet.

meurt. Elle n'oppose pas le monde réel au monde virtuel : elle les fait dialoguer et propose même des interactions physiques entre les individus de ces deux mondes. Par exemple, grâce à des casques de réalité augmentée et à une combinaison sexuelle et haptique[1], le protagoniste Nathan Brown peut avoir des relations sexuelles avec sa petite amie qui, elle, est toujours vivante.

Upload met en place une sorte de moteur de l'innovation technologique. L'imaginaire est exploité en tant qu'espace propice à se projeter dans l'utilisation de nouvelles inventions technologiques, tel un placement de produit avant l'heure, afin de faciliter leur démocratisation. D'un point de vue anthropologique, *Upload* permet d'interroger les relations entre l'imagination et les anticipations, c'est-à-dire à la fois les attentes et les spéculations, les aspirations et les émotions. Autrement dit, *Upload* brouille les frontières entre les trois piliers de l'imaginaire, et rend même cool la potentialité de survivre après sa mort dans un monde virtuel.

Avenirs culturels

Un sujet d'autant plus d'actualité depuis 2021, avec le développement par Facebook de son propre métavers. À l'inverse, Apple met en place une

1. La combinaison sexuelle et haptique existe déjà. Par exemple, Ripple est un costume pensé pour les personnes en situation de handicap, dont la sexualité peut être contrariée. Une fois enfilé, les coussins d'air de Ripple se gonflent, se dégonflent et vibrent au niveau des zones érogènes et sensibles. http://mythologiesdufutur.com/le-sextoy.html

stratégie non pas pour fuir le réel, mais pour l'améliorer en proposant une réalité mixte, grâce à son casque de réalité augmentée qui devrait être présenté à la WWDC en juin 2022[1]. Mark Zuckerberg (Facebook) n'est pas le seul fondateur d'une entreprise de la Tech à prendre des décisions d'investissement qui induisent, dans l'imaginaire du reste de la population, des futurs probables (souhaitables ou non) pour notre humanité.

Par exemple, Jeff Bezos (Amazon) et Elon Musk (Tesla) partent à la conquête de l'espace et proposent un avenir digne des meilleures œuvres de science-fiction : colonies spatiales sous forme de cylindres géants suspendus dans le vide interplanétaire pour le premier[2] et colonies martiennes pour le second[3]. En mobilisant des thèmes chers à la science-fiction, ils produisent un sentiment d'émerveillement auprès de la population, spectatrice séduite par les promesses portées par l'avenir, non plus fictionnel mais bien réel (du moins potentiellement d'après ces stars de la créatocratie) permis par le capitalisme.

Le sociologue français Denis Colombi s'est d'ailleurs intéressé aux proximités entre la science-fiction et le capitalisme[4], notamment à leur homologie tempo-

---

1. https://siecledigital.fr/2022/01/11/apple-casque-realite-mixte-metavers/
2. https://www.lemonde.fr/economie/article/2021/06/11/jeff-bezos-reve-d-envoyer-l-humanite-dans-l-espace_6083678_3234.html
3. https://www.futura-sciences.com/sciences/actualites/exploration-humaine-spacex-document-detaille-colonisation-mars-starship-79254/
4. https://aoc.media/opinion/2022/01/24/portrait-du-capitaliste-en-auteur-de-science-fiction/

relle. Ils sont, d'après lui, tous les deux tournés vers un avenir qui répond aux mêmes caractéristiques. D'un côté, le capitalisme repose en partie sur des activités temporelles qui s'appuient sur l'anticipation de l'avenir : investissements, crédits et spéculations ; afin de produire du profit, et ce, dans un futur incertain et ouvert, comme l'a analysé le sociologue allemand Jens Beckert[1]. D'un autre côté, la science-fiction construit une vision du futur de tous les possibles, où la gestion du risque va de pair avec celle des nombreuses potentialités que contient l'avenir.

Ce sentiment d'émerveillement permet la réalisation d'actions bien réelles auprès de la population de la créatocratie, qui ne parvient presque plus à différencier ce qui est réel de ce qui est fictionnel ; en effet, le message est clair, on peut continuer à consommer malgré l'urgence éco-environnementale puisque :

- l'humanité finira par mettre au point une technologie propre ;

- la colonisation spatiale nous permettra d'avoir accès à de nouvelles ressources, pour vivre comme pour se développer ;

- etc.

L'emprunt des imaginaires de la science-fiction par le capitalisme responsable induit une mise

1. Jens Beckert, *Imagined Futures. Fictional expectations and capitalist dynamics*, Cambridge, Harvard University Press, 2016.

en action de la population. Ces « activités visionnaires » sont de bonnes histoires qui permettent la poursuite de la consommation et le maintien du système. Et peu importe, du moins pour le moment, que ces visions de l'avenir se réalisent dans un futur proche, ou même moins proche : ce qui importe, c'est qu'elles apportent de l'espoir et qu'elles consolident les croyances portées par la créatocratie, comme l'illustre très bien la surréaliste campagne Easyjet qui s'engage pour la neutralité carbone d'ici 2050, incitant donc implicitement ses clients à continuer à voler comme si de rien n'était puisque tout est sous contrôle[1].

---

1. https://theshiftproject.org/wp-content/uploads/2021/03/Pouvoir-voler-en-2050_ShiftProject_Rapport-2021.pdf

LA CULTURE POLITIQUE DU DIVERTISSEMENT

Entre 1990 et 2015, une constellation d'innovations culturelles a secoué l'Occident, d'abord les États-Unis, puis l'Europe et donc la France. Annonciatrices d'un nouveau rapport à soi, aux autres et au monde[1], ces innovations culturelles ont bouleversé le quotidien, non seulement des nouveaux sauvages et des enfants gâtés, mais également du reste de la population de créatocratie :

– 2005 : lancement de la chaîne d'information en continu BFMTV,

– 2007 : lancement du premier iPhone d'Apple,

– 2008 : lancement du média Konbini,

– 2009 : lancement du média Slate et première conférence TEDx en France,

1. Liste non exhaustive. Les exemples choisis sont ceux qui sont les plus pertinents pour le propos de cet ouvrage.

– 2010 : Netflix part à la conquête du monde. Elle arrivera en France en 2014,

– etc.

Les enfants gâtés ne se sont d'abord pas méfiés, certains nouveaux sauvages non plus d'ailleurs, quand s'est enclenchée une dynamique d'involution culturelle en créatocratie. Leur réaction est compréhensible : pourquoi remettre en cause le bien-fondé d'une information plus libre et plus digeste, accessible à tous et de partout ?

Même si le moment de bascule demeure inconnu, il a été précipité par la démocratisation des nouvelles technologies de l'information et de la communication, et par l'essor des théories conspirationnistes et de la radicalité politique et religieuse, qui se diffusent, via Internet et de manière exponentielle, depuis les attentats du 11 septembre 2001[1].

Dans un premier temps imperceptibles, les répercussions néfastes de ces innovations culturelles ont pourtant entraîné des modifications majeures du rapport de la population à la réalité et à la société. En rendant l'information cool et attrayante, la créatocratie a pu mettre en place un système de pensée partagé par toutes et tous grâce à l'industrie culturelle du divertissement (télé, musique, cinéma, jeux vidéo, etc.) : l'*entertainment*.

---

1. Véronique Campion-Vincent, *La Société parano. Théories du complot, menaces et incertitudes*, Paris, Payot, 2007.

L'*entertainment* permet la diffusion d'idées, de manière ludique, pendant le temps libre des enfants gâtés ou pour accompagner leurs activités quotidiennes (tâches domestiques, télétravail, déplacements, etc.). Consommer du divertissement est un loisir qui a du succès en créatocratie, comme en témoigne l'augmentation du nombre de séries télévisées américaines qui sont produites chaque année[1], l'essor des productions d'Europe du Nord ou de l'Est, ou encore, les audiences record de certains programmes télévisés, comme *Touche Pas à Mon Poste*[2] ou *Quotidien*[3] en France.

RE-POLITISATION INCONSCIENTE

Le divertissement représente la clef de voûte sur laquelle s'appuient les dogmes de la créatocratie. Le philosophe français Gilles Lipovetsky et l'écrivain et universitaire français Jean Serroy parlent du capitalisme artiste[4] pour décrire ce phénomène. Ils le définissent comme un système qui incorpore de manière systématique la dimension créative et imaginaire dans les secteurs de la consommation marchande, créant d'après eux un type d'art sans précédent : celui de l'art de

---

1. https://www.lesechos.fr/2018/01/la-production-de-series-a-explose-aux-etats-unis-981334
2. https://www.cnews.fr/divertissement/2021-03-09/tpmp-cyril-hanouna-bat-son-record-daudience-sur-c8-1056288
3. https://www.20minutes.fr/arts-stars/television/2910443-20201117-quotidien-bat-encore-record-audience-michel-cymes-emission-tres-forme-2020
4. Gilles Lipovetsky et Jean Serroy, *L'Esthétisation du monde. Vivre à l'âge du capitalisme artiste*, Paris, Gallimard, 2013.

la consommation et de la distraction de masse (cinéma, publicité, etc.).

Les productions du capitalisme artiste représentent un terreau fertile pour le déploiement des stratégies créavolutionnaires. Le capitalisme artiste est utilisé comme une arme de guerre culturelle pour diffuser des idées politiques, sans que la population de la créatocratie s'en rende compte. La créavolution veut rendre le monde plus simple, quitte à simplifier à outrance les rapports de force et la lecture des enjeux. Toute explication devient manichéenne : c'est par la distraction que les enfants gâtés, et avec eux le reste de la population, induisent ce qui est bien ou mal, identifient les sujets de société importants et ceux qui ne le sont pas, etc.

En créatocratie, cette absence de délimitation entre l'information et le divertissement s'appelle l'*infotainment* : les journalistes parlent de l'actualité sur un ton humoristique et en profitent pour faire passer leurs idées[1]. Les artistes, eux, créent des événements dans les médias d'information, faussement improvisés, afin de faire leur promotion tout en mettant en lumière des sujets de société qui seront donc identifiés comme importants par l'opinion publique de la créatocratie[2].

---

1. Marc Bassoni, « Infotainment [info-divertissement] : vers une reconfiguration de l'espace médiatique ? », *Communication à la semaine de la presse (Bureau des médias de Sciences Po)*, Aix-en-Provence, 2020.
2. https://www.liberation.fr/culture/musique/stromae-au-20-heures-mesdames-et-messieurs-bonsoir-le-storytelling-20220110_WRG3CCUTNZCN3POVSUMG4HFP24/

Les artistes sont même érigés par les enfants gâtés comme de nouveaux visionnaires politiques[1] : ils sont ceux qui mettent sur le devant de la scène les angles morts politiques, comme le fait Netflix avec le film *Don't Look Up* pour le réchauffement climatique, ou le chanteur Stromae lorsqu'il aborde le thème de la maladie mentale[2].

D'après les philosophes allemands Max Horkheimer et Theodor Adorno, le divertissement permet même de légitimer les efforts demandés aux individus qui évoluent dans la société néolibérale du capitalisme financier[3]. Le divertissement agit comme une compensation aux difficultés des modes de vie hypermodernes, l'amusement devient même le prolongement du travail. Le divertissement permet de s'échapper du quotidien et de sa condition, pour mieux l'accepter et être de nouveau en mesure de l'affronter. C'est le nouveau « Du pain et des jeux » de l'époque romaine.

Le capitalisme responsable produit du divertissement et ce divertissement devient une instance de légitimation du pouvoir. Car aujourd'hui, la politique est dans le divertissement : le président français Emmanuel Macron relève des défis sur

---

1. https://usbeketrica.com/fr/article/pourquoi-les-melancoliques-sont-des-visionnaires-politiques
2. https://www.liberation.fr/culture/musique/stromae-au-20-heures-mesdames-et-messieurs-bonsoir-le-storytelling-20220110_WRG3CCUTNZCN3POVSUMG4HFP24/
3. Max Horkheimer et Theodor W. Adorno, *La Dialectique de la raison. Fragments philosophiques* (1974), Paris, Gallimard, 1983.

Tik Tok avec des influenceurs, des polémistes ou des journalistes aux idées d'extrême droite comme Jean Messiha ou Éric Zemmour sont de plus en plus présents sur les plateaux des émissions de divertissement, l'animateur et producteur Cyril Hanouna présente des débats politiques et reçoit dans son émission *Face à Baba* diffusée sur la chaîne C8 les candidats à l'élection présidentielle, etc. La frontière entre l'information vérifiée par des journalistes formés et l'opinion de quelques éditorialistes et personnalités plébiscités par le public s'efface.

« Netflixisation » des récits politiques

En 2022, Éric Zemmour, candidat à la présidence de la République française, n'hésite pas à « netflixiser » son entrée en campagne politique, qui prend les airs d'une bonne, ou d'une mauvaise, série Netflix. Il a recours au principe du feuilletonnage[1], une méthode qui est plébiscitée tant par la population que par les nouveaux sauvages journalistes, comme l'explique dans les médias le politologue français et directeur du département opinion et stratégies d'entreprise de l'Ifop, Jérôme Fouquet, et le doctorant en philosophie du langage français Raphaël Llorca[2], expert associé de la Fondation Jean-Jaurès.

1. Dans le jargon journalistique, le feuilletonnage signifie la mise en scène de l'information, en la découpant par épisodes, afin de garder en réserve de nouveaux éléments.
2. https://www.lemonde.fr/idees/article/2021/12/21/election-presidentielle-2022-la-domination-culturelle-de-netflix-a-des-incidences-sur-l-ecriture-des-recits-politiques_6106855_3232.html

D'après eux, « la domination culturelle de Netflix a des incidences sur l'écriture des récits politiques[1] ». Raphaël Llorca recense trois ingrédients qui sont pour lui le signe d'une campagne efficace : le personnage, le rythme et l'effet de surprise (ce qu'on appelle dans les séries télévisées le *cliffhanger*). Jérôme Fouquet pense que la « grammaire politique » se trouve désormais « sous influence des séries télés en général et de Netflix en particulier ». D'après lui, pour susciter l'attention dans un contexte de dépolitisation, « il faut savoir imposer un storytelling, créer des électrochocs[2] ».

Mais Éric Zemmour n'est pas le seul à jouer, consciemment ou non, des codes de Netflix pour mener campagne. Lorsqu'Emmanuel Macron souhaite « emmerder les non-vaccinés », il use de la même stratégie. Il fait une annonce retentissante et lance, par la même occasion, un nouvel épisode médiatique qui fait parler de lui, dans la presse comme sur les réseaux sociaux.

Jean-Luc Mélenchon est sans doute celui qui se fait le mieux l'étendard de la pensée magique de l'énergie, telle que la diffuse Netflix au sein de ses programmes originaux. En 2017, il avait fait sensation en apparaissant en hologramme à l'un de ses meetings. En 2022, il organise un meeting de

---

1. Raphaël Llorca, *Les Nouveaux Masques de l'extrême droite. La radicalité à l'ère Netflix*, La Tour d'Aigues, L'Aube, 2022.
2. https://www.lemonde.fr/idees/article/2021/12/21/election-presidentielle-2022-la-domination-culturelle-de-netflix-a-des-incidences-sur-l-ecriture-des-recits-politiques_6106855_3232.html

campagne expérientiel, c'est-à-dire une expérience immersive : il a fait construire un parallélépipède de 50 mètres de côté et de 6 mètres de hauteur au sein du Parc des Expositions de Nantes pour recevoir 3 000 personnes. Dans ce prisme carré, des écrans géants diffusent des images. Tous les sens sont mobilisés pour susciter l'émotion : le son, la lumière et même les odeurs.

Lutter avec la fiction

Comme l'*entertainment* est omniprésent en créatocratie, tous ceux qui revendiquent une pensée divergente, dissidente ou contradictoire, n'ont guère d'espaces médiatiques pour pouvoir se faire entendre. Ils doivent pour cela user de stratégies, parfois même s'approprier les codes de l'*entertainment*.

Mobiliser certaines œuvres de fiction comme des emblèmes politiques est l'un des moyens de se faire entendre. La fiction s'invite dans le réel, notamment à travers la récupération militante par les enfants gâtés de certains symboles issus de la fiction : comme le maquillage du Joker dans les manifestations de lutte sociale ou la cornette des « servantes écarlates » dans les manifestations pour les droits des femmes, ou encore le masque de *V pour Vendetta* repris par les Anonymous[1]. Même si ces symboles sont variés, les luttes qu'ils défendent à l'écran obéissent à une logique

1. Et beaucoup d'autres mouvements contestataires, comme ceux des jeunes du printemps arabe ou des militants anti-G8 et anti-G20.

similaire : celle de la transgression d'un système de castes rigide, au nom de l'épanouissement individuel[1] et de la liberté des peuples.

Un bon exemple est celui de la série espagnole *La Casa de papel*[2], qui raconte l'histoire d'un homme mystérieux, surnommé le Professeur, qui planifie le meilleur braquage jamais réalisé : infiltrer la Fabrique nationale de la monnaie et du timbre d'Espagne, afin d'imprimer 2,4 milliards d'euros. Pour exécuter son plan, dans la saison 1, il recrute huit des meilleurs malfaiteurs d'Espagne.

La Casa de papel propose une iconographie forte, reprise par des enfants gâtés de la créatocratie, qui se compose de trois éléments : la tenue des braqueurs (le masque de l'artiste Salvador Dalí, une salopette rouge), leurs pseudonymes (chaque braqueur choisit le nom d'une ville : Tokyo, Berlin, Rome, Nairobi, etc.) et un hymne, *Bella ciao*, le chant attribué à la résistance italienne pendant la Seconde Guerre mondiale, que les braqueurs entonnent pour se donner du courage.

Son créateur, Álex Pina, s'est directement inspiré du mouvement des indignés, né en 2011 à Madrid, en Espagne. Un mouvement qui refuse l'austérité et dénonce la Bourse à la suite de la crise financière de 2008. Les braqueurs de *La Casa de papel*, en

---

1. Anne Besson, *Les Pouvoirs de l'enchantement. Usages politiques de la fantasy et de la science-fiction*, Paris, Vendémiaire, 2021.
2. Disponible sur la plateforme culturelle Netflix.

tant qu'allégorie de la rébellion, finissent le travail commencé par les résistants madrilènes.

Utopie numérique

En créatocratie, il est extrêmement difficile de combattre le « camp du Bien », c'est d'ailleurs la raison pour laquelle, d'après l'historien français Édouard Husson, émergent des mouvements populistes en Occident : leurs simplifications et leurs provocations réussissent à déstabiliser la bien-pensance[1], car elles agissent comme un chiffon rouge sur l'ordre politico-économique qui tombe régulièrement dans le piège qui lui est tendu.

Le clivage historique entre la gauche et la droite s'estompe au profit de la doxa libérale-libertaire mondialisée de l'oligarchie de créatocratie. Ceux qui la dénoncent parlent de l'instauration de la « superclasse mondiale », c'est-à-dire d'une classe sociale transnationale, qui se situe au-dessus des anciennes élites nationales et qui déploie un projet mondial[2].

D'après les penseurs qui s'y intéressent, cette « superclasse mondiale » use de son pouvoir d'influence pour mettre en place un projet eschatologique, celui du cosmopolitisme et de la polarisation du monde. Un monde sans frontières physiques et

---

1. https://www.atlantico.fr/article/decryptage/novlangue-democratie-francaise-nouveaux-mots-orwell-ideologie-revolution-1789-progressisme-machiavel-totalitarisme-edouard-husson
2. Michel Geoffroy, *La Super-classe mondiale contre les peuples*, Le Chesnay, Via Romana, 2018.

mentales, un monde indifférencié[1] pour les classes moyennes et supérieures ; et un monde aux frontières de moins en moins franchissables pour les plus démunis.

Le cosmopolitisme peut être entrevu comme l'échec de l'utopie numérique menée par les pionniers d'Internet. À ce sujet, Fred Turner, professeur en sciences de la communication de l'Université de Stanford, nous explique que l'utopie numérique représente la convergence entre les idéaux bohèmes de la contre-culture de gauche et de ceux du libéralisme économique de droite ; expliquant l'héritage encore présent de l'idéologie des hippies dans les valeurs et la promesse d'Internet[2].

Fred Turner parle de « l'étonnante transhumance » des communautés hippies vers les terres numériques. D'après lui, Internet a représenté pour les membres de ces communautés une nouvelle chance virtuelle, face à l'échec des initiatives d'émancipation culturelle menées dans les années 1970[3], notamment aux États-Unis.

Mais l'utopie numérique s'est progressivement fait happer par les dogmes de l'oligarchie politico-économique de la créatocratie : l'authenticité créative s'est délestée de la recherche de l'égalité au

1. *Ibid.*
2. Fred Turner, *Aux sources de l'utopie numérique. De la contre-culture à la cyberculture, Stewart Brand, un homme d'influence* (2012), Caen, C&F Éditions, 2021.
3. *Ibid.*

profit d'une quête individuelle de singularisation, conduisant à la reproduction et à la prééminence des élites culturelles dans les hiérarchies de la visibilité sur Internet.

Stratégie du choc

En créatocratie, l'oligarchie a également recours à la stratégie du choc pour parvenir à ses fins. La stratégie du choc est un principe rendu populaire par la journaliste et essayiste altermondialiste canadienne Naomi Klein dans son ouvrage éponyme, *La Stratégie du choc*[1], mais que l'on doit initialement à l'économiste américain Milton Friedman, prix de la Banque de Suède en 1976.

Milton Friedman parle de *traitement de choc* pour décrire l'état de choc dans lequel chaque personne plonge à la suite d'un traumatisme collectif, d'une guerre, d'un coup d'État, d'une catastrophe naturelle, ou encore d'une attaque terroriste. Un état de choc qui nous rend plus enclins à suivre les leaders qui prétendent nous protéger. En produisant de la sidération auprès de ses opposants, la créatocratie aurait alors tout le loisir de bouleverser notre perception de la vie quotidienne[2].

En créatocratie, ce sont les médias qui usent le plus, et le mieux, de la stratégie du choc, notamment en dévoilant les répercussions de

1. Naomi Klein, *La Stratégie du choc. La montée d'un capitalisme du désastre*, Arles, Actes Sud/Babel, 2013.
2. *Ibid.*

l'hyperconsommation sur l'environnement, et plus largement sur l'éco-responsabilité. Face au sentiment de sidération, provoqué par exemple par la découverte d'une vidéo (comme celles de L 214, de Greenpeace ou d'Oxfam) qui dénonce certaines dérives socio-éco-responsables (maltraitance animale, pauvreté, pollution), les nouveaux sauvages proposent des solutions éco-responsables aux enfants gâtés, puis à l'ensemble de la population. Tous les nouveaux sauvages ne sont pas humanistes, mais par contre ils ont bien compris que l'émotion fait vendre. La stratégie du choc est une méthode efficace qui permet d'amener le reste de la population de créatocratie à avoir l'impression de ne pas subir le changement, mais plutôt d'être acteur du changement.

Par exemple, lorsque l'*entertainment* mobilise la stratégie du choc, la sidération devient un spectacle collectif : c'est le cas notamment avec le film *Don't Look Up : Déni cosmique*. Une comédie dramatique américaine d'Adam McKay, sortie en 2021 sur la plateforme culturelle Netflix. Le film évoque la chute prochaine d'une grande comète qui doit ravager notre planète et tuer toute vie sur Terre.

Don't Look Up : Déni cosmique est une satire de la crise climatique actuelle qui dénonce le manque d'intérêt de l'opinion publique et des institutions pour ce sujet. Le film met en scène l'impuissance des scientifiques pour faire prendre conscience à la population et aux politiques des dangers à venir.

Dans cette fiction, deux éléments ont attiré mon attention : la désinformation est systémique et elle est orchestrée autant par les médias que par les politiques ; la cupidité et l'inaction des politiques engendrent une marchandisation des enjeux climatiques par des firmes privées des nouvelles technologies. En bref, c'est à peu de chose près le même constat que j'ai fait en créatocratie.

Spontanément, on ne peut que saluer cette prise de position de Netflix qui se risque à dénoncer les dérives actuelles des politiques, des firmes et des médias par rapport à la crise climatique. D'ailleurs, *Don't Look Up : Déni cosmique* rencontre un très gros succès dans le monde entier, et les critiques sont élogieuses. Des scientifiques prennent même la parole dans les médias et font part de leurs espoirs : la satire pourrait-elle conduire à un sursaut de tous par rapport aux enjeux éco-environnementaux[1] ?

C'est effectivement ce qui est le plus plaisant à imaginer : c'est par le divertissement que la population prendra la mesure de l'urgence environnementale. Pour autant, le phénomène *Don't Look Up : Déni cosmique* interroge : est-ce que Netflix est le meilleur acteur pour diffuser une critique de la société actuelle ? En 2022, Netflix est l'un des principaux promoteurs du divertissement, et comme nous l'avons déjà abordé dans la partie précédente, il déploie une stratégie

---

1. https://theconversation.com/dont-look-up-la-satire-peut-elle-conduire-a-un-sursaut-174475

bien huilée afin de s'emparer des enjeux de l'éco-responsabilité qui ont le vent en poupe en créatocratie.

Par exemple et seulement quelques semaines après la sortie du film *Don't Look Up : Déni cosmique*, Netflix s'associe à la communauté virtuelle d'individus et d'organisations Count Us In. Une communauté virtuelle qui porte un projet ambitieux : « mobiliser 1 milliard de personnes pour prendre des mesures concrètes qui, une fois prises, contribueront à réduire considérablement les émissions de carbone et mettront les leaders au défi d'agir avec courage dans la mise en œuvre [sic] la transformation des systèmes mondiaux[1] ».

Cette association se matérialise par un site internet, aux codes de la pop culture, qui reprend la charte graphique du film. Sur ce site (dontlookup.count-us-in.com), on nous invite à regarder le ciel, à l'inverse de ce qui était demandé à la population par le gouvernement américain dans *Don't Look Up : Déni cosmique*. On propose également aux internautes d'adopter la méthode « Kate Dibiasky » ou celle « Dr Oglethorpe », c'est-à-dire d'avoir une attitude similaire à celle de certains protagonistes du film.

Cette attitude doit déclencher des actions écologiques bien réelles, comme « faire circuler l'info » ou « changer de fournisseur d'énergie ». Le site nous propose de nous accompagner dans nos actions en trois étapes : nous devons (1) choisir une

---

1. https://www.count-us-in.org/fr/about/

mesure parmi une liste proposée, (2) poursuivre nos efforts au moins pendant un mois, et (3) suivre notre progression grâce aux outils de mesure mis à disposition par le site. Le site propose même un guide de discussion et d'action téléchargeable pour « ouvrir le débat » et afin d'avoir « des conversations plus constructives avec *notre* entourage sur la situation chaotique et les idées qui ont inspiré le film ».

En bref, une solution clefs en main pour se comporter de manière éco-responsable, si à tout hasard les spectateurs n'avaient pas compris le message en visionnant cette superproduction américaine.

En diffusant *Don't Look Up : Déni cosmique*, Netflix fonctionne suivant une logique similaire à celle de la firme du film : elle souhaite tirer profit de la crise, que ce soit d'une comète ou des enjeux climatiques, avant de penser à sauver la population et la planète. *Don't Look Up : Déni cosmique* atteint l'apothéose de l'hypocrisie créatocratique lorsque le film met en scène la sidération de la population qui comprend qu'effectivement la fin du monde est proche et que ce n'était pas une *fake news*[1] : en levant la tête, elle aperçoit la comète qui se rapproche de la Terre.

Cette mise en scène de la sidération peut être comprise de trois manières différentes :

---

1. C'est-à-dire une fausse information.

1) c'est une démarche sincère qui vise à faire réagir la population et les politiques à l'urgence climatique ;

2) c'est une prophétie autoréalisatrice qui vise à maintenir la population et les politiques dans l'inaction ;

3) c'est une stratégie de soft power qui vise à faire en sorte que la population s'habitue aux phénomènes dénoncés dans le film : désinformation, influence des firmes privées des nouvelles technologies, drame écologique inévitable, etc.

Les nouveaux codes politiques que la créatocratie a mis en place amènent une re-politisation inconsciente de la population. La politisation de la fiction et la netflixisation de la politique nous conduisent à une uniformisation intellectuelle qui participe à construire un storytelling et une esthétique commune à l'ensemble des luttes créatocratiques. Que ce soit la pensée magique de l'énergie, et donc indirectement le mythe du progrès technologique, ou bien les valeurs progressistes (sociétales et/ou écologiques), elles sont mises sur un pied d'égalité. Elles semblent toutes séduisantes car elles mobilisent les mêmes références culturelles.

Cette nouvelle construction du politique à l'ère de l'*entertainment* engendre un double phénomène. Certains enjeux ne sont pas pris au sérieux car ils sont tournés en dérision et semblent rester cantonnés à l'univers de la fiction. À l'inverse, d'autres enjeux vont être minimisés car mis en scène de manière divertissante. Je pense notamment à l'évolution de la figure médiatique de Marine Le Pen pendant la campagne présidentielle de 2022, où elle se met en scène, chez elle, avec ses chats. Elle montre un visage doux et amical et joue du capital sympathie qu'ont les chats en créatocratie. De manière trompeuse, elle semble avoir changé. Pourtant elle appartient toujours au même parti politique, un parti politique qui prône un discours identitaire et anti-immigration.

ZONES D'INCERTITUDE

Tout le talent des nouveaux sauvages réside dans leur capacité à donner l'illusion au reste de la population qu'ils ont une réponse simple et accessible à chaque sidération culturelle :

- Face à la barbarie dans les abattoirs, la viande végétale existe ;

- Face aux émissions de CO_2 de la mobilité individuelle, les voitures électriques ou le covoiturage existent ;

- Face à la honte de prendre l'avion (en suédois : *flygskam*, parfois francisé en *avihonte*), plus besoin de partir à l'autre bout du monde pour faire les bons posts Instagram, la micro-aventure[1] existent ;

– etc.

Firmes

Ce talent permet l'émergence d'une nouvelle croyance : la maîtrise de l'incertain lié à la transition éco-environnementale. Maîtriser l'incertain est un signe de pouvoir en créatocratie. Les nouveaux sauvages sont soit ceux que la population doit écouter, soit ceux qui, dans l'ombre, travaillent pour que ceux qui prêchent la bonne parole de la socio-éco-responsabilité soient mieux entendus. Ils peuvent devenir des *spin doctors*, ou alors s'ériger en personnalités omniscientes pour les plus médiatisés.

En créatocratie, les nouveaux sauvages officient suivant une logique antagoniste à celles des « marchands de doute » nord-américains ou des différents lobbies. Ils ne mettent pas en place des stratagèmes afin de semer la confusion auprès de la population concernant des vérités scientifiques établies (tabac, alcool, sucre, viande[2]) mais, en apportant des solutions éco-responsables prêtes à l'emploi, ils obtiennent un résultat similaire. Ils maintiennent la population dans un statu quo permettant au capitalisme

1. https://www.lesechos.fr/weekend/perso/la-micro-aventure-grande-tendance-du-post-confinement-1216615
2. Naom Oreskes et Erik M. Conway, *op. cit.*

responsable de s'établir et à l'hyperconsommation de perdurer.

Une hyperconsommation qui se politise chaque jour un peu plus en créatocratie. Les nouveaux sauvages instaurent de nouveaux clivages culturels, par exemple entre ceux qui mangent de la viande et les autres, ou entre ceux qui fréquentent les kebabs et les autres. En période de crise, l'alimentation n'est pas seulement une valeur refuge, elle devient le symbole d'une nouvelle lutte culturelle pour la préservation des identités et des styles de vie, éclipsant les enjeux socio-économiques liés aux choix des produits de consommation alimentaire. Cette fracture culturelle de l'alimentaire se transforme en lutte sociale lorsque deux manières de manger antagonistes revendiquent leurs identités de mangeurs. Par exemple en France, certaines personnes sont fières et assument de consommer du Nutella, et à l'inverse, d'autres en ont honte.

La crise socio-éco-environnementale actuelle est perçue comme une période où l'incertitude domine. Une période dans laquelle maîtriser l'incertain devient une épreuve de sélection sociale et culturelle. Les nouveaux sauvages sont bien évidemment les plus habiles pour traverser les épreuves de l'incertitude, qu'elles soient stratégiques (la concurrence des firmes rivales), exogènes (les aléas de la conjoncture) ou intrinsèques (l'évolution du marché du travail et des signes de réussite socioculturelle). En effet, ils disposent des aptitudes de l'humain créatique que je vous ai présentées dans la partie précédente.

Passés maîtres dans la maîtrise de l'incertitude, ils vont asseoir leur influence sociale par un jeu de pouvoir bien rodé, qu'ils déploient dans les médias comme dans les firmes, c'est-à-dire au sein d'entreprises industrielles ou commerciales de grande taille.

C'est principalement ce qui va intéresser les firmes qui souhaitent innover suivant les principes du capitalisme responsable. Elles souhaitent proposer des solutions en cohérence avec les valeurs progressistes prônées en créatocratie, qui sont le plus souvent incompatibles avec le mode de production *ante* capitalisme responsable. Pour mieux comprendre ce phénomène, les théories de l'analyse stratégique des jeux de pouvoir[1] des sociologues Michel Crozier et Erhard Friedberg[2] permettent d'identifier les stratégies d'acteurs qui encadrent la maîtrise de l'incertitude en créatocratie.

Ce jeu de pouvoir met en scène trois typologies d'acteurs : les firmes, les nouveaux sauvages et les enfants gâtés qui doivent tous composer avec des enjeux spécifiques. D'après les deux sociologues, les acteurs agissent pour améliorer leur capacité d'action et/ou s'aménager des marges de manœuvre, c'est-à-dire s'adapter aux changements induits par le capitalisme responsable.

---

1. Les théories de l'acteur-système vont s'intéresser au pouvoir et aux stratégies des jeux d'acteurs, à travers l'analyse des zones d'incertitude et du système d'action concret.
2. Michel Crozier et Erhard Friedberg, *op. cit.*

La firme représente un acteur historique des marchés du capitalisme financier qui se retrouve à présent en difficulté à mesure que les idées prônées par les dogmes du capitalisme responsable s'infusent dans les esprits de la population de créatocratie.

En créatocratie, la firme bénéficie de moyens financiers importants, car l'ensemble des filières de production-distribution sont organisées en fonction d'elle. Cependant, la firme a une force d'inertie importante : elle montre de grandes difficultés à modifier ses processus de recherche et développement (R&D) et de production afin de s'adapter aux nouveaux entrants du marché, notamment les start-up qui sont plus agiles qu'elle.

La firme, notamment dans les domaines de l'agroalimentaire (respect de la condition animale, produits moins transformés) ou du textile (pollution, condition de production), est assujettie aux attentes socio-éco-responsables des enfants gâtés et de la population. La firme est également tributaire de l'évolution de la réglementation, comme, par exemple, l'interdiction des emballages en plastique à usage unique en 2040 : c'est ce qui constitue sa zone d'incertitude. Pour tenter de la maîtriser, elle doit faire appel aux nouveaux sauvages qui, grâce aux fonds dont ils disposent, vont développer de nouveaux projets qui se doivent d'être rentables et éco-responsables. Ceux qui dirigent des firmes peuvent également décider d'investir dans des projets de nouveaux sauvages qu'ils jugent prometteurs, ou même racheter des start-up d'enfants gâtés.

Cette dynamique mise en place par les firmes est une aubaine pour les nouveaux sauvages, car ils disposent d'une bonne connaissance du mode de fonctionnement des firmes et des réseaux de cooptation à l'intérieur de celles-ci. Ils peuvent ainsi se positionner comme ordonnanceurs de la transition éco-environnementale et experts du capitalisme responsable. Ils vont, par exemple, ériger les enfants gâtés en super-consommateurs de la créatocratie : en les observant et en leur posant des questions, la firme ne pourra imaginer et commercialiser que des biens qui seront plébiscités et consommés par les enfants gâtés[1].

Les enfants gâtés, eux, sont à la recherche de solutions « prêtes à penser » et « prêtes à consommer », sans pour autant, comme nous l'avons vu, changer leur quotidien. Ils veulent mieux consommer sans renoncer pour autant à leur confort, et c'est précisément la zone d'incertitude que les firmes souhaitent exploiter par l'intermédiaire des nouveaux sauvages.

Médias de niche

Certains nouveaux sauvages, comme je l'ai abordé dans la première partie de cet ouvrage, ont une présence médiatique en créatocratie. D'autres détiennent ou travaillent dans des médias, notamment ceux que l'on appelle les médias de niche. Un média de niche (Brut, Konbini, Melty, Usbek & Rica, etc.) se différencie des médias traditionnels

1. Voir plus haut, dans la deuxième partie, le chapitre intitulé « La magie de la créativité ».

par sa cible (principalement des enfants gâtés), par son ton (engagé, impertinent et ludique) et par les sujets qu'il traite (valeurs progressistes et luttes contemporaines de la créatocratie). En France, la plupart des médias de niche sont des pure players, c'est-à-dire qu'ils existent uniquement sur Internet.

Cette présence médiatique permet aux nouveaux sauvages d'asseoir leur pouvoir d'influence, et surtout de diffuser largement leur vision du monde auprès de la population. En créatocratie, suivant le principe de l'*infotainment*, médias de niche, firmes et nouveaux sauvages s'associent régulièrement afin d'estomper les limites entre publicité, consommation et information.

Par exemple, c'est le cas lorsque des firmes tirent parti des connaissances qu'ont les médias de niche des attentes de consommation des enfants gâtés, en commandant aux nouveaux sauvages des missions de *brand content*[1], de communication ou d'événementiel. C'est également le cas lorsque des firmes réalisent des tribunes sponsorisées (publirédactionnel) au sein d'un média de niche afin de promouvoir un sujet de société, tout en mettant en avant leurs actions socio-éco-responsables auprès des enfants gâtés. Konbini, Usbek & Rica ou Melty ont fréquemment recours à cette pratique. Par exemple, EDF va valoriser son impact éco-environnemental (Konbini, Usbek & Rica), et Netflix va faire la promotion de ses contenus socio-responsables (Konbini biiinge).

1. Stratégie marketing de mise en avant d'un produit.

Autre exemple, début 2022, avec le média de niche Brut qui lance son télé-achat (Brut Shop) en partenariat avec le distributeur Carrefour afin de vendre des produits sur les réseaux sociaux. Brut Shop est une plateforme en ligne de télé-achat nouvelle génération, dite de *live shopping* : des influenceurs sont invités à tester et à faire la promotion de produits lors d'une session vidéo en direct où ils échangent avec leur communauté et donnent leurs avis.

Le nouveau sauvage, co-fondateur et CEO de Brut souhaite que Brut Shop devienne la plateforme de *live shopping* de référence du capitalisme responsable de la créatocratie : « Notre ambition est d'inscrire tous nos développements dans les valeurs d'ouverture et de responsabilité sociale et environnementale qui fondent l'identité de Brut[1]. » Avec Brut Shop, pas question de vendre des produits qui ne sont pas éco-responsables. D'ailleurs, la vidéo de présentation de Brut Shop montre l'acteur américain Adrian Grenier faisant la promotion de capsules de nettoyage sans matière plastique.

Le lancement de Brut Shop marque le franchissement d'une étape supplémentaire : celle de la banalisation de l'hyperconsommation dite socio-éco-responsable. Cette nouvelle forme d'hyperconsommation impose aux personnes de continuer

1. https://www-franceinter-fr.cdn.ampproject.org/c/s/www.franceinter.fr/amp/economie/le-media-brut-lance-son-tele-achat-avec-carrefour-pour-vendre-des-produits-sur-les-reseaux-sociaux

de consommer, mais cette fois-ci pour la bonne cause : il est nécessaire de s'équiper de produits éco-responsables afin d'être un bon consommateur, c'est-à-dire pour être quelqu'un de bien.

Cette combinaison stratégique entre médias et créativité permet d'assurer une sécurité complémentaire aux nouveaux sauvages, afin qu'ils puissent conserver leur position sociale.

Les nouveaux sauvages maîtrisent ainsi la production, la diffusion et la réception des nouvelles normes de consommation du capitalisme responsable ; afin de brouiller, encore plus, les frontières entre culture, socio-éco-responsabilité et hiérarchie sociale.

* * *

Notre voyage en créatocratie touche à sa fin.

La créavolution a conduit à changer la société sans changer de société. La créatocratie bâtit les fondations d'un nouveau contrat social dans lequel chaque personne se politise à mesure qu'elle se divertit et qu'elle consomme. En bref, elle apprend ce qui est bien ou mal à mesure qu'elle adhère à la culture de la socio-éco-responsabilité.

Bienvenue en post-démocratie.

CONCLUSION

L'anthropologie du capitalisme responsable doit nous aider à mieux comprendre les rouages de notre société et les écueils auxquels elle et donc nous – en tant que citoyens du monde – sommes confrontés.

Ce livre, on l'aura compris, c'est un prétexte pour parler de nous. Même si nous ne sommes pas tous des nouveaux sauvages ou des enfants gâtés, nous avons toutes et tous certains points communs avec eux. Et c'est bien tout l'intérêt de cet ouvrage : relever les continuités et les ruptures qui unissent les nouveaux sauvages avec les enfants gâtés, mais également avec le reste de la société.

C'est pour cela que cet ouvrage n'est en aucun cas une attaque contre un groupe d'individus ou contre une manière de vivre ou de consommer. Il se veut davantage une photographie de notre époque, c'est-à-dire la captation d'un moment de société vécu comme tel par l'ensemble de la population. Ce livre ne se veut pas moralisateur non plus. De mon point de vue, ce qui se passe en créatocratie n'est ni bien ni mal : je dresse simplement un constat.

Un constat qui interroge le bien-fondé de nos croyances et qui questionne : devons-nous continuer à croire dans les récits collectifs de la créatocratie ?

LE MYTHE DU CAPITALISME RESPONSABLE

Tout au long de cette exploration des us et coutumes des nouveaux sauvages et des enfants gâtés en créatocratie, nous nous sommes re-familiarisés avec notre vie quotidienne. Notamment, nous avons porté notre attention sur des petites choses, des détails en apparence insignifiants, qui sont pourtant très structurants au sein de nos sociétés occidentales – les objets technologiques, les séries télévisées ou même les accessoires de mode, par exemple.

Cette monographie anthropologique a également permis de mieux comprendre les stratégies des principaux acteurs créatocratiques. Les élites culturelles souhaitent maintenir leurs positions, et donc leurs privilèges dans l'espace social, et cela malgré les changements (en cours et à venir) d'ordres naturel, social et culturel. Une partie des consommateurs est prête à tous les compromis afin de ne pas renoncer au confort du mode de vie occidental et souhaite continuer à consommer à tout prix. Les firmes et les institutions, elles, sont contraintes de mettre en place des solutions afin de s'adapter à la crise environnementale pour continuer à être rentables et donc, surtout, désirables.

Ces stratégies s'inscrivent au sein d'un contexte spécifique de transition socio-éco-environnementale où le progrès technologique est présenté comme la solution à tous nos problèmes. Le message est univoque en créatocratie : le capitalisme responsable va permettre d'assurer la permanence de notre système, et nos modes de vie occidentaux seront maintenus. Une parole que peu de nouveaux sauvages et d'enfants gâtés remettent en cause, car il s'agit d'un mythe.

Ici, le mythe se définit comme une construction imaginaire qui permet d'expliquer les changements socio-culturels avec lesquels la population doit composer. Le mythe permet également d'acculturer les personnes à une nouvelle manière de vivre, présentée comme responsable et qui va s'exprimer par l'évolution des styles de vie, c'est-à-dire à travers les pratiques de consommation et les loisirs. Le mythe permet ainsi à une population d'atteindre une cohésion sociale et culturelle.

Les mythes et les récits, bien que renvoyant l'image du folklorisme d'un autre temps, sont omniprésents dans notre société. Les êtres humains ont toujours eu besoin de se raconter. Les épopées mythologiques d'hier sont les fictions et les publicités d'aujourd'hui. Comme nous l'avons vu, elles peuvent s'incarner à travers de nouvelles figures héroïques, comme celles du héros-consommateur, du héros-frugaliste, du héros-entrepreneur ou du héros-artiste.

En ce sens, le mythe du capitalisme responsable représente un système de communication, comme l'expliquait le sémiologue français Roland Barthes[1], qui permet de faire passer des idées, des valeurs et même d'assurer le maintien de l'ordre social. Comme l'illustre la visualisation ci-dessous, le modèle d'analyse du mythe de Roland Barthes se compose de deux systèmes sémiologiques : celui de la langue (ou « langage objet ») et celui du « méta-langage » (le système idéologique du mythe).

ANALYSE SÉMIOLOGIQUE DU MYTHE (MODÈLE DE ROLAND BARTHES DANS *MYTHOLOGIES*)

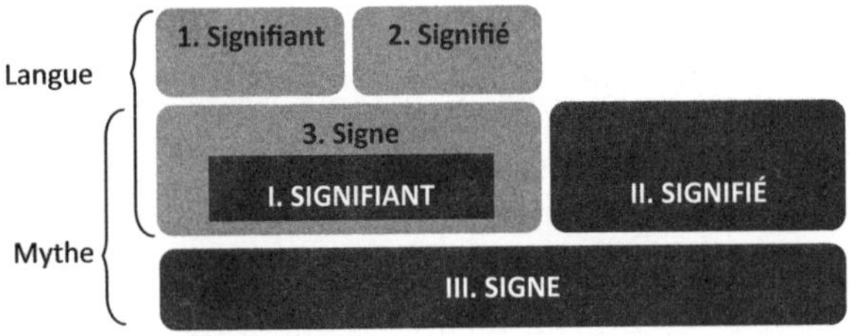

Le recours à ce modèle d'analyse permet de mieux comprendre les jeux de complémentarité entre les différentes notions abordées dans cet ouvrage et qui participent à construire le mythe du capitalisme responsable.

Le mythe du capitalisme responsable repose sur un système linguistique spécifique, celui du progressisme et de la consommation responsable. Le progressisme va donner du sens aux actions quotidiennes et la culture de la socio-éco-responsabilité, elle, va donner une illusion de cohérence entre le

1. Roland Barthes, *Mythologies* (1957), Paris, Points, 2014.

progressisme et la consommation responsable. La signification du capitalisme responsable se construit alors par la mise en lien entre la culture de la socio-éco-responsabilité et la double idéologie identifiée pour créer un mythe : celui du capitalisme responsable.

ANALYSE SÉMIOLOGIQUE DU MYTHE DU CAPITALISME RESPONSABLE D'APRÈS LE MODÈLE DE ROLAND BARTHES

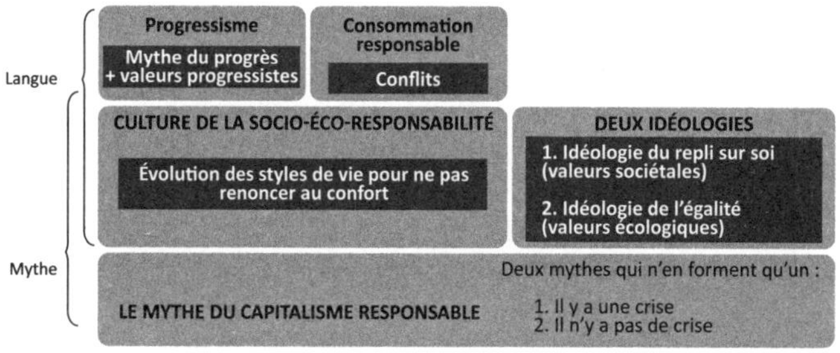

Comme le montre la visualisation ci-dessus, le mythe du capitalisme responsable se révèle plus complexe qu'il n'y paraît au premier abord : il se compose de deux mythes antagonistes, mais qui doivent être appréhendés ensemble afin de mieux comprendre ce qui se joue actuellement dans notre société.

D'un côté, nous avons une crise qui est présentée comme systémique : urgence éco-environnementale, pandémie, paupérisation des classes moyennes occidentales et émergence d'une classe moyenne mondiale issue des pays émergents, instauration d'une guerre froide en Europe, stratégies géopolitiques internationales (comme celles de la Chine ou des États-Unis), montée de la radicalité politique (extrême droite), etc. En créatocratie, la crise perçue est avant tout d'ordre environnemental, car elle permet de justifier les changements de pratiques consuméristes des enfants gâtés ou la mise en place de nouvelles stratégies d'innovation pour les firmes. Il n'en demeure pas moins que les autres facteurs de la crise sont bien présents et que, même si les personnes interrogées ne le perçoivent pas, ils impactent également le quotidien créatocratique.

D'un autre côté, nous avons une négation de la crise qui s'exprime de différentes manières. Par exemple, les plus progressistes vivent dans un entre-soi aseptisé où la consommation responsable devient la réponse à tous les maux de la société. La mise en place d'un État policier rose ne leur fait pas peur, bien au contraire. Ils perçoivent la diminution de leurs libertés comme nécessaire au maintien de leur mode de vie. Pour d'autres encore, la crise n'existe tout simplement pas car, grâce à la pensée magique de l'énergie, la transition éco-environnementale aura bien lieu et nos enfants auront une vie sur Terre agréable.

La récupération des valeurs progressistes par une population qui prône une radicalité idéologique – celle de l'extrémisme – questionne les limites de la bien-pensance progressiste et les amalgames qui se construisent entre les luttes contemporaines de la créatocratie et les autres (mouvements identitaires, anti-immigration, etc.) qui prônent la haine.

De plus, être progressiste ne veut pas dire être obligatoirement le « gentil », car n'oublions pas que l'oligarchie politico-économique, les nouveaux sauvages et les enfants gâtés ne représentent qu'un quart de la population occidentale. Une population qui a pour objectif principal d'influencer les classes moyennes et populaires en vue de les convertir au mythe du capitalisme responsable, afin qu'elles continuent à croire en l'hyperconsommation, et donc en eux.

La culture de la socio-éco-responsabilité représente l'alibi du capitalisme pour que ce soit les personnes qui changent et non le système tout en donnant l'illusion du contraire. Car en définitive, le mythe du capitalisme responsable, c'est l'art du compromis culturel : satisfaire l'oligarchie politico-économique, les nouveaux sauvages et les enfants gâtés, c'est-à-dire une parties des classes moyennes et les classes aisées occidentales, au détriment du véritable enjeux, celui de l'urgence environnementale.

ET MAINTENANT ?

Si j'ai pu réaliser cette recherche, c'est que j'entretiens une proximité avec mon terrain d'étude : je fais partie des nouveaux sauvages dont je vous ai parlé. Et en tant que nouvelle sauvage, je ne dois pas oublier que je joue un rôle dans le système que j'étudie, que mes prises de parole dans les médias sont même susceptibles de l'influencer. Je dois donc être capable de prendre de la distance par rapport aux convictions que je me forge, car, comme tout le monde, je suis corrompue par le système.

Tout comme vous, d'ailleurs, si vous acceptez ce que je vous propose : prendre de la distance par rapport à votre quotidien, vous décentrer afin de percevoir différemment votre environnement social et culturel. Vous l'avez vu, le sauvage n'est pas forcément l'autre, et en créatocratie, il n'y a pas de meilleur sauvage que soi-même. Nous menons tous des guerres culturelles sans merci et nous croyons tous en la magie de l'énergie, une force invisible qui semble la seule capable de sauver l'humanité et la planète Terre.

Une croyance si forte qu'elle permet de tous nous maintenir dans une illusion collective, celle du changement, alors que dans les faits ceux qui ont des intérêts à préserver usent de toute leur influence pour que rien ne change, précisément. L'oligarchie politico-économique de la créatocratie transforme toute crise et tout risque en opportunité, elle tire profit de l'éco-responsabilité afin que l'on continue à croire en elle. Que ce soient les stratégies de reproduction des élites, l'évolution du rapport au travail ou à la consommation, tout pousse à la permanence du capitalisme : bien que responsable, ce dernier n'en demeure pas moins toujours débridé.

Je dresse ici un portrait sans pitié d'une société où il ne fera bientôt plus bon vivre du tout si une insurrection des consciences ne s'enclenche pas rapidement. Je ne sais pas pour vous, mais de mon côté, je ne suis pas résignée à me soumettre au capitalisme responsable. Je ne crois plus en lui et je ne sais pas si, un jour, j'ai vraiment cru en lui.

D'un point de vue anthropologique, à partir du moment où je cesse de croire en certaines entités irréelles qui permettent d'organiser le réel (comme les firmes ou les institutions), elles cessent d'exister à mes yeux. Si je ne crois plus en elles, je vais organiser ma vie quotidienne différemment : je vais me tourner vers d'autres entités tout aussi irréelles, mais qui portent d'autres croyances, ou même en imaginer de nouvelles avec des personnes qui pensent comme moi.

Et que se passerait-il si, collectivement, nous arrêtions de croire aux récits collectifs qu'entretient la créatocratie ? La décroissance pourrait devenir une option envisageable. La vie en communauté ou l'autogestion également. Même si personne ne peut le prédire, on pourrait imaginer que nous arrêtions ou limitions, par exemple, l'invention de nouvelles solutions technologiques au profit d'autres solutions, cette fois-ci non technologiques, plus humaines et plus écologiques.

Du moins, c'est ce qui serait souhaitable pour demain.

Car la transition éco-environnementale, c'est-à-dire la seconde chance que la créatocratie souhaite tant, n'arrivera pas uniquement en s'équipant individuellement de baskets véganes, de pulls en cachemire éthiques et de smartphones reconditionnés ; même si c'est ce qui est le plus plaisant à imaginer...

Nous devons accepter l'idée que ce n'est pas en consommant – même mieux – que l'on parviendra à assurer la transition socio-éco-environnementale. Nous devons également prendre du recul vis-à-vis de notre société industrielle et de son système mondial capitaliste qu'on nous présente comme la seule voie possible pour demain.

Contrairement à ce que l'on entend souvent, le capitalisme n'est pas le seul système d'organisation sociale pérenne : certaines sociétés ont fait – et même font toujours – le choix de ne pas percevoir l'accumulation de richesses comme un signe d'abondance[1] – celles des chasseurs-cueilleurs nomades d'Amazonie par exemple. Pour ces sociétés, c'est même tout le contraire : percevoir la sobriété comme une forme d'abondance, c'est faire le choix de la liberté.

L'anthropologie nous est d'un immense secours dans ce moment difficile de notre civilisation, en ce qu'elle nous apprend que l'unité de l'Homme se construit grâce à la diversité des cultures, et que depuis son apparition, l'espèce humaine n'a cessé d'évoluer et d'inventer des nouvelles manières de vivre et de penser le monde pour mieux s'adapter et traverser les millénaires.

---

1. Marshall Sahlins, *Âge de pierre, âge d'abondance. L'économie des sociétés primitives*, Paris, Gallimard, 1976.

À l'aune des nombreux bouleversements qui attendent nos sociétés occidentales, mais également le reste de l'humanité, n'oublions pas : déclin ne veut pas dire fin, et tout bouleversement apporte l'opportunité de faire différemment.

Inspirons-nous des cultures passées et présentes qui ont fait d'autres choix que les nôtres, et imaginons, collectivement, de nouveaux mythes et de nouveaux contes merveilleux qui sauront porter un futur désirable. Commençons dès maintenant.

BIBLIOGRAPHIE

Marc Abélès, « Pour une anthropologie globale du luxe... et de la mode. Entretien avec Marc Abélès », *Terrains/Théories*, 2018, n° 8.

Salvador Aguilar et Salvador Giner, *Ordre i desordre : manual d'estructura i canvi de les societats, dades, interpretacions, teories*, Barcelone, Hacer, 2001.

Lisa Aldred, « "Money is just spiritual energy" : Incorporating the new age », *The Journal of Popular Culture*, 2002, vol. 35, n° 4.

David Amiel et Ismaël Émelien, *Le progrès ne tombe pas du ciel. Manifeste*, Paris, Fayard, 2019.

Jean-Loup Amselle, *L'Ethnicisation de la France*, Paris, Lignes, 2011.

Günther Anders, *L'Obsolescence de l'homme. Sur l'âme à l'époque de la deuxième révolution industrielle* (1956), Paris, Éditions de l'Encyclopédie des nuisances, 2002.

Claudia Attimonelli et Vincenzo Susca, *Black Mirror et l'aurore numérique. Nos vies après l'humanisme*, Montréal, Liber, 2021.

Marc Augé, *La Guerre des rêves. Exercices d'ethno-fiction*, Paris, Le Seuil, 2015.

Marc Augé, *Non-lieux. Introduction à une anthropologie de la surmodernité*, Paris, Le Seuil, 2015.

Jean-Yves Authier *et al.*, *Les bobos n'existent pas*, Presses universitaires de Lyon, 2020.

David Autissier, Jean-Marie Peretti et Charles-Henri Besseyre des Horts, *Travail & Organisation hybride. Organiser le travail et manager en mode présentiel/distanciel*, Paris, MA Éditions, 2021.

Roland Barthes, *Mythologies* (1957), Paris, Points, 2014.

Marc Bassoni, « Infotainment [info-divertissement] : vers une reconfiguration de l'espace médiatique ? », *Communication à la semaine de la presse (Bureau des médias de Sciences Po)*, Aix-en-Provence, 2020.

Nicolas Baygert, « La marque politique : vecteur de sens et moteur d'engagement citoyen », *Communication & management*, 2013, vol. 10, n° 2.

Jens Beckert, *Imagined Futures. Fictional expectations and capitalist dynamics*, Cambridge, Harvard University Press, 2016.

Guy Bellavance, Myrtille Valex et Michel Ratté, « Le goût des autres : une analyse des répertoires culturels de nouvelles élites omnivores », *Sociologie et sociétés*, 2004, vol. 36, n° 1.

Anne Besson, *Les Pouvoirs de l'enchantement. Usages politiques de la fantasy et de la science-fiction*, Paris, Vendémiaire, 2021.

Alain Bihr, *La Novlangue néolibérale. La rhétorique du fétichisme capitaliste*, Paris, Syllepse, 2017.

Derek Bolton, Pamela Dearsley, Richard Madronal-Luque *et al*, « Magical thinking in childhood and adolescence : Development and relation to obsessive compulsion », *British Journal of Developmental Psychology*, 2002, vol. 20, n° 4.

Pierre Bonte et Michel Izard, *Dictionnaire de l'ethnologie et de l'anthropologie*, Paris, Presses universitaires de France, 1992.

Pierre Bourdieu, *La Distinction. Critique sociale du jugement* (1979), Paris, Minuit, 2016.

Christophe Bourseiller, et Olivier Penot-Lacassagne, *Contre-cultures !*, Paris, CNRS, 2013.

David Brooks, *Bobos in Paradise. The new upper class and how they got there*, New York, Simon and Schuster, 2010.

Antony Burlaud, Allan Popelard et Grégory Rzepski (dir.), *Le Nouveau Monde. Tableau de la France néolibérale*, Paris, Éditions Amsterdam, 2021.

Giovanni Busino, *Élites et élitisme*, Paris, Presses universitaires de France, 1991.

Edgar Cabanas et Eva Illouz, *Happycratie. Comment l'industrie du bonheur a pris le contrôle de nos vies*, Paris, Premier Parallèle, 2018.

Joseph Campbell et Henri Crès, *Le Héros aux mille et un visages*, Paris, Robert Laffont, 1977.

Véronique Campion-Vincent, *La Société parano. Théories du complot, menaces et incertitudes*, Paris, Payot, 2007.

Lucien Cerise, *Gouverner par le chaos. Ingénierie sociale et mondialisation*, Paris, Max Milo, 2010.

Nicolas Chemla, *Anthropologie du boubour. Bienvenue dans le monde bourgeois-bourrin*, Paris, Lemieux, 2016.

Claude Lévi-Strauss, *Anthropologie structurale II* (1973), Paris, Plon, 2014.

Anne Clerval, *Paris sans le peuple. La gentrification de la capitale*, Paris, La Découverte, 2016.

David Colon, *Propagande. La manipulation de masse dans le monde contemporain*, Paris, Belin, 2019.

Michel Crozier et Erhard Friedberg, *L'Acteur et le Système* (1977), Paris, Le Seuil, 2014.

Denys Cuche, « II. L'invention du concept scientifique de culture », in *La Notion de culture dans les sciences sociales*, Paris, La Découverte, coll. « Repères », 2010.

Dominique Cuvillier, *Le Triomphe du luxe cool. De l'hyperluxe à l'hypermarché*, Malakoff, Maxima, 2019.

Monique Dagnaud, *Le Modèle californien. Comment l'esprit collaboratif change le monde*, Paris, Odile Jacob, 2016.

Samuel Delany, *Babel-17* (1966), Huntingdon, Gateway, 2014.

Michel Demarest et Marc Druel, *La Créatique*, Paris, Le Courrier du livre, 1975.

Dominique Desjeux, *L'Empreinte anthropologique du monde. Méthode inductive illustrée*, Lausanne, Peter Lang, 1995.

Timothy Devinney, Pat Auger et Giana M. Eckhardt, *The Myth of the Ethical Consumer*, Cambridge, Cambridge University Press, 2010.

Keivan Djavadzadeh, « Les masques noirs des pop stars blanches », *Raisons politiques*, 2016, n° 2.

Cédric Durand, *Technoféodalisme. Critique de l'économie numérique*, Paris, La Découverte/Zones, 2020.

Gilbert Durand, *Les Structures anthropologiques de l'imaginaire* (1960), Paris, Armand Colin, 2021.

Umberto Eco, *De Superman au surhomme* (1976), Paris, Grasset, 2014.

Umberto Eco, *Reconnaître le fascisme* (1995), Paris, Grasset, 2017.

Alain Ehrenberg, *Le Culte de la performance* (1991), Paris, Calmann-Lévy, 2014.

Béniat Elissalde, « Socio-types, idées-types », *Espaces Temps*, 1988, vol. 37, n° 1.

Jacques Ellul, *Histoire de la propagande*, Paris, Presses universitaires de France, 1967.

Leon Festinger, *A Theory of Cognitive Dissonance*, vol. 2, Redwood City, Stanford University Press, 1962.

Fabrice Flipo, Michelle Dobré et Marion Michot, *La Face cachée du numérique. L'impact environnemental des nouvelles technologies*, Paris, L'Échappée, 2013.

Richard Florida, *The Rise of the Creative Class*, vol. 9, New York, Basic Books, 2002.

Éric Fouquier, « La France, ses produits et la pensée magique », *Revue française de gestion*, 2011, n° 9.

Thomas Frank, *Pourquoi les riches votent à gauche*, Marseille, Agone, 2018.

Michel Geoffroy, *La Super-classe mondiale contre les peuples*, Le Chesnay, Via Romana, 2018.

René Girard, *Je vois Satan tomber comme l'éclair* (1999), Paris, Grasset, 2014.

Erving Goffman et Alain Kihm, *Stigmate. Les usages sociaux des handicaps*, Paris, Minuit, 1975.

Antonio Gramsci, « Socialism and culture », *Pre-Prison Writings*, 1916.

Clive Hamilton et Richard Denniss, *Affluenza : When Too Much is Never Enough*, Crows Nest, Allen & Unwin, 2005.

Éric Hamraoui, « Servitude volontaire : l'analyse philosophique peut-elle éclairer la recherche pratique du clinicien ? », *Travailler*, 2005, n° 1.

Yuval Noah Harari, *Homo deus. Une brève histoire du futur*, Paris, Albin Michel, 2017.

Reed Hastings et Erin Meyer, *No Rules Rules. Netflix and the Culture of Reinvention*, Londres, Virgin Books, 2020.

Joseph Heath et Andrew Potter, *Révolte consommée. Le mythe de la contre-culture*, Paris, L'Échappée, 2020.

Dick Hebdige, *Sous-culture. Le sens du style* (1979), Paris, La Découverte/Zones, 2021.

George Hoare et Nathan Sperber, *Introduction à Antonio Gramsci*, Paris, La Découverte, 2019.

Max Horkheimer et Theodor W. Adorno, *La Dialectique de la raison. Fragments philosophiques* (1974), Paris, Gallimard, 1983.

Aldous Huxley, *Le Meilleur des mondes* (1932), Paris, Plon, 2013.

François Jost, *Le Culte du banal. De Duchamp à la télé-réalité*, Paris, CNRS, 2007.

Mondher Kilani, *Les Cultes du cargo mélanésiens. Mythe et rationalité en anthropologie*, Lausanne, Éditions d'en bas, 1983.

Naomi Klein, *La Stratégie du choc. La montée d'un capitalisme du désastre*, Arles, Actes Sud/Babel, 2013.

Joel Kotkin, *The Coming of Neo-Feudalism : A warning to the Global Middle Class*, New York, Encounter Books, 2020.

Laetitia Krupa, *La Tentation du clown. Comment un candidat hors système va bouleverser l'élection présidentielle*, Paris, Buchet Chastel, 2021.

Bernard Lahire, *La Culture des individus. Dissonances culturelles et distinction de soi*, Paris, La Découverte, 2016.

Patrick Legros, Patrick Tacussel, Jean-Bruno Renard, Frédéric Monneyron *et al*, *Sociologie de l'imaginaire*, Paris, Armand Colin, 2006.

Émilie Lechenaut, *Le Manga. Un dispositif communicationnel : perception et interactivité*, Université Michel-de-Montaigne – Bordeaux III, 2013.

Inès Leonarduzzi, *Réparer le futur. Du numérique à l'écologie*, Paris, Éditions de l'Observatoire, 2021.

Gilles Lipovetsky, *L'Ère du vide*, Paris, Gallimard, 1989.

Gilles Lipovetsky et Jean Serroy, *L'Esthétisation du monde. Vivre à l'âge du capitalisme artiste*, Paris, Gallimard, 2013.

Raphaël Llorca, *Les Nouveaux Masques de l'extrême droite. La radicalité à l'ère Netflix*, La Tour d'Aigues, L'Aube, 2022.

Michel Maffesoli, *L'Ère des soulèvements*, Paris, Le Cerf, 2021.

Norman Mailer, *The White Negro* (1957), Londres, Routledge, 2017.

Bronisław Malinowski, *Les Argonautes du Pacifique occidental*, Paris, Gallimard, 1963.

Olivier Martin, « Induction-déduction », in Serge Paugam (dir.), *Les 100 mots de la sociologie*, Paris, Presses universitaires de France, 2012.

Gérard Mauger, « En quête de “respectabilité” », *Savoir/Agir*, 2020, n° 1.

Margaret Mead, *Mœurs et sexualité en Océanie*, Paris, Plon, 1963.

Antigone Mouchtouris (dir.), *La Compétition culturelle des élites intellectuelles*, Paris, L'Harmattan, 2019.

Joseph Nye, « How Sharp Power Threatens Soft Power », *Foreign Affairs*, 2018, vol. 24.

Lionel Obadia, *La Marchandisation de Dieu*, Paris, CNRS, 2013.

Naom Oreskes et Erik M. Conway, *Les Marchands de doute. Ou comment une poignée de scientifiques ont masqué la vérité sur des enjeux de société tels que le tabagisme et le réchauffement climatique* (2012), Paris, Le Pommier, 2016.

George Orwell, *Mil neuf cent quatre-vingt-quatre* (1949), Paris, Folio, 2020.

Vilfredo Pareto, *The Mind and Society* (1916 pour la version italienne originale), New York, Harcourt, Brace and Company, 1935.

Serge Paugam, « Type idéal », *in* Serge Paugam (dir.), *Les 100 mots de la sociologie*, Paris, Presses universitaires de France, 2012.

Richard Peterson, « Le passage à des goûts omnivores : notions, faits et perspectives », *Sociologie et sociétés*, 2004, vol. 36, n° 1.

Michel Pinçon et Monique Pinçon-Charlot, *Voyage en grande bourgeoisie. Journal d'enquête*, Paris, Presses universitaires de France, 2005.

Max Poulain, *Spiritualité et consommation*, vol. 2., Londres, ISTE, 2021.

Vladimir Propp, Evgueni Mélétinski, Marguerite Derrida *et al*, *Morphologie du conte*, suivi de : *Les*

Transformations des contes merveilleux (1928), Paris, Le Seuil, 1970.

Paul H. Ray et Sherry Ruth Anderson, *L'Émergence des créatifs culturels. Enquête sur les acteurs d'un changement de société*, Gap, Yves Michel, 2001.

Marshall Sahlins, *Âge de pierre, âge d'abondance. L'économie des sociétés primitives*, Paris, Gallimard, 1976.

Pablo Servigne et Raphaël Stevens, *Comment tout peut s'effondrer. Petit manuel de collapsologie à l'usage des générations présentes*, Paris, Le Seuil, 2015.

Peter Sloterdijk, *Sphères 1. Bulles*, Paris, Pauvert, 2002.

Neal Stephenson, *Le Samouraï virtuel* (1992), Paris, Le Livre de Poche, 2017.

Matthew Stewart, *The 9.9 Percent: The New Aristocracy That Is Entrenching Inequality and Warping Our Culture*, New York, Simon & Schuster, 2021.

Pierre-André Taguieff, *Les Contre-réactionnaires. Le progressisme entre illusion et imposture*, Paris, Denoël, 2007.

Emmanuel Todd, *Où en sont-elles ? Une esquisse de l'histoire des femmes*, Paris, Le Seuil, 2022.

Fred Turner, *L'Usage de l'art. De Burning Man à Facebook, art, technologie et management dans la Silicon Valley*, Caen, C&F Éditions, 2020.

Fred Turner, *Aux sources de l'utopie numérique. De la contre-culture à la cyberculture, Stewart Brand, un homme d'influence* (2012), Caen, C&F Éditions, 2021.

Jack Vance, *The Languages of Pao* (1958), New York, Simon & Schuster, 2004.

Agnès Vandevelde-Rougale, *Malaise dans la symbolisation. La subjectivité à l'épreuve de la novlangue managériale*, thèse de doctorat soutenue à Paris 7, 2014.

Danièle Vazeilles, « Connexions entre le néo-chamanisme et le néo-druidisme contemporains. Étude en anthropologie/ethnologie comparée », *Cahiers d'études du religieux. Recherches interdisciplinaires*, 2008, n° 3.

Christopher Vogler, *The Writer's Journey*, Studio City, Michael Wiese Productions, 2007.

Jean-Jacques Wittezaele (dir.), *La Double Contrainte. L'influence des paradoxes de Bateson en sciences humaines*, Paris, De Boeck Supérieur, 2008.

Marina Yaguello, *Les Fous du langage. Des langues imaginaires et de leurs inventeurs*, Paris, Le Seuil, 1984.

Jean Ziegler, *Le Capitalisme expliqué à ma petite-fille (en espérant qu'elle en verra la fin)*, Paris, Le Seuil, 2018.

Shoshana Zuboff, *L'Âge du capitalisme de surveillance* (2018), Paris, Zulma, 2022.

REMERCIEMENTS

Mes remerciements s'adressent à l'ensemble des oligarques, des nouveaux sauvages et des enfants gâtés qui ont participé, directement ou indirectement, et parfois sans le savoir, à la réalisation de cet ouvrage.

Je tiens plus précisément à remercier les professeurs Dominique Desjeux et Lionel Obadia pour leur soutien sans faille tout au long de ces années. Je souhaite également remercier l'ensemble de l'écosystème avec lequel je collabore régulièrement et qui m'a permis d'interroger différemment la réalité que j'ai étudiée : ILTP, Strate, ShakeUp Factory, BETC, Schoolab, Roland Berger, RTS, Sensinnov, Imprudence, Anthropik, Waoup, Brightness, Orator, CEA (Grenoble), Sofffa, Huffpost, The Conversation France, Fondation Jean-Jaurès...

Enfin, un grand merci à Louise Giovannangeli, à Chloé Cavillon et à Laure-Hélène Accaoui, pour leur accompagnement et leur soutien à toute épreuve pendant l'écriture de cet ouvrage.

TABLE

pca
cmb
édition pré-presse
livres numériques

44400 Rezé

IMPRIM'VERT®

Achevé d'imprimer
en avril 2022
par Corlet Imprimeur
14110 Condé-en-Normandie

Dépôt légal : avril 2022
N° d'Imprimeur : 22020400
Imprimé en France